AF364083

ESTAT

DES MISSIONS

DE GRECE

PRESENTÉ

A NOSSEIGNEURS

LES

ARCHEVESQUES

EVESQUES,

ET DEPUTEZ DU CLÉRGÉ

de France, en l'année 1695.

A PARIS

Chez **ANTOINE LAMBIN**, ruë S. Jacques,
au Miroir.

Et **SIMON BESNARD**, ruë S. Jacques, aux
Armes du Roy, de la Ville, & au Compas d'or.

M. DC. XCV.

Avec Approbation, & Privilege du Roy.

A MESSEIGNEURS

LES

ARCHEVESQUES,

EVESQUES,

ET

DEPUTEZ DU CLERGÉ

DE FRANCE.

ESSEIGNEURS,

Comme le zele qui vous anime à maintenir la Religion dans vos Dioceses, vous

A

assemble aujourd'huy pour travailler à l'affermir dans le Royaume, & pour aider le plus Chrêtien des Rois à la conserver dans l'Europe, il est aussi en ce temps du devoir des Missionnaires, de vous rendre compte de l'état où elle est dans toutes ces Nations éloignées que la Providence a bien voulu confier à nos soins.

C'est pour satisfaire à cette obligation, Messeigneurs, qu'ayant été appelez pour travailler à l'instruction des Orientaux, nous venons vous informer du progrez que l'Evangile a fait parmy

ces peuples ; nous esperons
que vous recevrez avec d'autant plus de bonté ce que
nous allons vous en dire, que
de toutes les Missions étran-
geres de nôtre Compagnie,
il n'y en a, ce semble, aucune où vôtre illustre Corps
doive prendre plus d'inte-
rest que dans celle dont nous
allons parler.

En effet, MESSEIGNEURS,
lors que l'Eglise d'Orient
étoit autrefois si illustre,
non seulement par l'éclat de
sa Foy; mais encore par la
science & la sainteté de ces
fameux Prelats & de tant de
saints Docteurs qui en fai-

foient l'ornement & l'appuy;
Vous fçavez que fon zele s'é-
tendit jufques fur l'Eglife
d'Occident. Elle nous en-
voya plufieurs de ces grands
hommes qu'elle avoit en a-
bondance, & entre autres un
S. Photin & un faint Irenée
tous deux Evêques de Lyon,
un faint Denis Evêque de
Paris, & un faint Trophime
Evêque d'Arles, & plufieurs
autres d'un zele infatigable
& d'une éminente vertu.

Mais pour mieux juger
des obligations que la France en particulier luy aura
eternellement, il fuffit de lire
dans Eufebe cette admirable

lettre que les Eglifes de Lyon
& de Vienne écrivirent aux
Eglifes d'Afie, où elles leur
rendent compte des progrés
que faifoient dans les Gau-
les, les Apôtres que l'Orient
leur avoit envoyez : elles font
encore dans les mêmes lettres le recit de tous les differens fupplices qui termine-
rent l'Apoftolat de ces Heros du Chriftianifme, qu'elles appellent les bazes & les
colomnes de l'Eglife d'Occident.

Depuis ces temps fi glo-
rieux autrefois à l'Eglife
d'Orient les chofes ont bien
changé. Par un effet des fe-

crets jugemens de Dieu elle
a perdu ce qu'elle nous avoit
donné ; il eſt donc juſte que
le Clergé de France s'efforce
à ſon tour de rendre à cette
Egliſe deſolée ſon premier
luſtre. C'eſt auſſi , M e s-
s e i g n e u r s , un des principaux objets de vos vœux,
il n'en faut point d'autre
preuve que la protection
dont vous nous honorez , &
les ſecours que nous devons
à vôtre liberalité. C'eſt donc
par reconnoiſſance auſſi bien
que par juſtice , que nous
vous preſentons aujourd'huy
un état de nos Miſſions. Nous
vous dirons les commence-

mens & les progrés de cha-
cune en particulier, afin que
vous puissiez mieux connoître les benedictions que
Dieu verse sur elles, & qu'il
rend de jour en jour plus a-
bondantes. Car vous ver-
rez que n'y ayant eü d'abord
que trois Missionnaires de
nôtre Compagnie, qui vin-
rent à Constantinople pour
y commencer la premiere de
nos Missions : Nous nous
trouvons aujourd'huy plus
de soixante ouvriers Evangeliques répandus dans la Grece, la Syrie, l'Armenie & la
Perse; sans compter ceux qui
ont penetré jusques dans les

Indes & à la Chine, dont il
n'y en a pas un seul qui n'ait
la joye & la consolation de
gagner bien des ames à Jesus-Christ ; on en ga-
gneroit même un bien plus
grand nombre , si on pou-
voit multiplier celuy des
Missionnaires.   Vous en ju-
gerez, Messeigneurs, par
les heureuses dispositions que
vous allez voir dans ces Nations du Levant à recevoir
la lumiere de la vraye Foy,
& par la liberté que nous
avons de la leur porter.
Nous la devons au respect
qu'on a dans ces vastes païs
pour le nom du Roy , &

à la protection singuliere que Sa Majesté nous accorde ; nous la sentons même dans ces dernieres années plus grande que jamais, & il nous paroît que son zele pour étendre nôtre sainte Religion jusques dans les païs les plus reculez , augmente en même temps que nous aprenons qu'il combat dans plusieurs parties de l'Europe pour l'y maintenir.

Avec ces avantages, MESSEIGNEURS , nous esperons que les années suivantes fourniront de nouvelles matieres, au zele que Dieu nous inspire pour le salut des Nations d'Orient ; & nous continuerons à vous rendre compte des fruits de nos travaux. Nous commencerons preſentement par la plus ancienne de nos Miſsions de Grece.

MISSION

DE

CONSTANTINOPLE.

CE fut l'an 1583. que les Catholiques Latins demeurant à Pera & à Galata Fauxbourgs de Conſtantinople, voyant que faute d'inſtruction, & encore plus par le mauvais exemple de ceux qui les devoient édifier, leur nombre diminuoit tous les jours, reſolurent de demander des Miſſionnaires pour rétablir la pieté parmy eux,

& réveiller le goût des lettres dans leur jeuneſſe, que la licence & l'oiſiveté avoient extrêmement corrompuë. Pour exécuter ce deſſein, ils crurent ne pouvoir prendre de meilleures meſures, que d'y intereſſer le zele des Rois tres-Chrêtiens protecteurs de la Religion dans le Levant.

Henry III. avoit alors pour Ambaſſadeur auprés de Soliman II. Jacques de Germini Baron de Germolle auſſi vertueux Seigneur qu'habile Miniſtre. Les Catholiques s'addreſſerent à luy, & le prierent de demander à Gregoire XIII. au nom de fon Maître la grace qu'ils avoient fi à cœur.

Ce fouverain Pontife un des plus zelez qu'ait eu l'Eglife dans ces derniers temps, tenoit alors la Chaire de faint Pierre, & attendoit depuis long-temps l'occafion d'établir une Miffion à Conftantinople : Les lettres de l'Ambaffadeur de France, & celles des Catholiques luy furent renduës tout à propos ; il crut devoir profiter d'une conjoncture qui luy paroiffoit fi favorable. Il en confera avec le General des Jefuites, & luy laiffa le foin de

choiſir les ouvriers qu'il ju-
geroit les plus propres pour
commencer cette expedition
Apoſtolique.

Le Pere Aquaviva alors
General de nôtre Compa-
gnie, nomma d'abord le Pere Jule Mancinelli Italien,
homme d'une vertu & d'un
merite tres-diſtingué; il le fit
Superieur de deux autres Peres qui luy demanderent avec
inſtance la grace d'avoir
part à une ſi ſainte entre-
priſe. Ils ſe mirent tous trois
en chemin aprés avoir receu
la benediction du Pape, &
les inſtructions de leur General, & arriverent heureu-

Tement à Constantinople le 8. Novembre de l'année 1583.

A leur arrivée ils rendirent les deux Brefs dont le Pape les avoit chargez pour l'Ambassadeur de France, & le Baïle de Venise. Ces deux Ministres receurent les Missionnaires avec tout le bon accueil imaginable ; ils les logerent même dans leurs Palais jusqu'à ce qu'on leur eût trouvé une maison commode. Soliman avoit donné à l'Ambassadeur de France l'Eglise de saint Benoist, que ce Seigneur luy avoit demandée pour servir à la Nation Françoiſe , & encore plus pour empêcher qu'elle ne fût convertie en Moſ-quée, ſelon les ordres que le Sultan en avoit déja donnez. Les Miſſionnaires profiterent de ce don que le Baron de Germolle leur tranſporta par une patente expediée en bon-ne forme. Moroſini Ambaſ-ſadeur de la Republique y a-joûta de ſon côté une aumône conſiderable pour meubler la maiſon & reparer l'E-gliſe.

Les trois Peres ne furent pas long-temps ſans com-mencer les exercices de leur Miſſion; dés le premier jour qu'ils qu'ils prêcherent, il y eut un si grand concours à leurs Sermons, que l'Eglise n'étant pas capable de contenir le monde qui s'y assembloit, ils furent contraints de prêcher dans les autres Eglises.

Comme leurs Sermons remuoient les consciences par la maniere touchante dont ils parloient, on en vit bientôt des fruits ; les confessions qui étoient auparavant tresrares, devinrent frequentes, & ce qui est de principal, c'est qu'elles furent suivies du changement des mœurs : ce changement parut visiblement dans la reforme

de plusieurs abus, & entr'autres de deux principaux fort
communs à Constantinople,
contre lesquels les Peres se
déclarerent avec beaucoup de
zele & de force. Le premier
étoit parmy les Negotians,
qui exerçoient de grandes
usures en certains contrats
qui se faisoient sans scrupule
pour le rachapt des pauvres
esclaves. Et le second étoit
parmy des Chrétiens, & même des Catholiques qui é-
pousoient des femmes à la
Turque, pour n'être point
recherchez par les Magis-
trats, & qui vivoient ainsi
avec seureté dans un concu-

binage public. Ces deux defordres furent entierement
corrigez.

Tout occupez qu'étoient
les Peres de leurs prédications, ils ne laifferent pas
d'ouvrir une école pour l'inftruction de la jeuneffe. Les
enfans des Schifmatiques
auffi-bien que des Catholiques la remplirent incontinent; leurs parens mêmes les
y accompagnoient pour profiter de l'inftruction qu'on
faifoit à leurs enfans: outre
ces occupations, il falloit que
les Miffionnaires trouvaffent
le temps d'aller dans les prifons & dans les hôpitaux,

pour y confoler & inftruire
ceux qui demandoient leurs
fecours avec empreffement;
de plus, il falloit encore donner des heures à des Religieux , des Prêtres , & des
Evêques qui vouloient avoir
des conférences particulieres
avec eux. Le Patriarche
Grec d'Antioche , & celuy
d'Alexandrie vinrent fou-
vent confulter le Pere Mancinelli fur diverfes queftions
de confcience , & certains
doutes qu'ils avoient ; & in-
fenfiblement dans ces entretiens , ils fe trouverent fi
perfuadez de la verité de la
Religion Catholique , & de

la primauté de l'Eglife Romaine, qu'ils écrivirent au
Pape pour luy témoigner leur
foûmiffion.

Les Metropolites d'Ephe-
fe & de Cefarée fuivirent
leur exemple, & foufcrivi-
rent de leur main l'acte de
leur obeïffance; onze autres
Prelats tous Metropolites, &
des principaux de la Grece,
firent la même chofe. Le
Patriarche des Armeniens
& l'Archevêque de Croïa Patriarche & Primat de toute
l'Albanie, aprés bien des
conférences avec les Peres,
ouvrirent enfin les yeux à la
verité; & pour preuve de leur

retour sincere à l'Eglise Romaine , ils voulurent aller à
Rome en propres personnes,
& à pied , pour y baiser les
pieds du Vicaire de JESUS-
CHRIST. Jeremie Patriar-
che de Constantinople dépu-
ta deux de ses Prêtres pour
faire de sa part au Souverain
Pontife la protestation de sa
foy. Ce dernier peu de temps
aprés fut supplanté par l'am-
bition d'un Caloyer nom-
mé Baptiste , qui ayant
beaucoup herité de son frere , donna vingt-quatre mille écus à la Porte pour
monter sur le thrône Pa-
triarchal ; ce qui causa un

tres-grand trouble dans l'E-
glise Orientale, & ce qui est
encore aujourd'huy pour elle
une source de malheur & de
scandale:car les Turcs voyant
qu'il y a beaucoup à gagner
en trafiquant de ces dignitez, sont toûjours prêts de les
vendre à quiconque les veut
acheter plus cher; d'où il arrive que le merite en est souvent exclus, & que le vice a
tout ce qu'il faut pour y parvenir.

C'est ce qui arriva lorsque
le Caloyer Baptiste usurpa le
Siege de Constantinople, &
c'est aussi ce qui fit dire à
Nicephore Caliki Metropo-

lite de Philippopoli Prélat tres-orthodoxe , que leur Eglise s'étoit perduë, & qu'elle avoit passé de la nouvelle Rome à l'ancienne.

Si-tôt que cet Intrus eut obtenu la place dont il étoit si indigne, les Peres ne manquerent pas de representer aux mieux intentionnez d'entre les Prélats Grecs, les suites pernicieuses de telles usurpations, & ils ne le firent pas inutilement; car les Evêques Catholiques ravis, de trouver des gens seurs à qui ils pussent ouvrir leur cœur, sur l'état pitoyable de leur Eglise, prirent tant de confiance

fiance dans les Peres, qu'ils s'aſſemblerent chez eux, & députerent un Evêque de leur Corps pour aller à Rome preſenter leur obéiſſance au Saint Pere. Le Pape le reçût avec des marques d'une joie extraordinaire ; & il fut ſi ſatisfait de cette députation, qu'aiant appris que Michel Patriarche d'Antioche en avoit eſté le principal Moteur, ſa Sainteté luy envoya le pallium par l'Evêque de Sidonia. Il donna en même temps aux Miſſionnaires un témoignage bien ſenſible de ſa bonté ; car pour faire connoître la ſatisfaction qu'il

C

avoit des services qu'ils ren-
doient à l'Eglise, il voulut
que le pallium fût mis entre
leurs mains, afin qu'ils euf-
fent l'honneur de le presenter de sa part au Patriarche.

Cette faveur du saint Siege augmenta la considera-
tion des Catholiques pour
les Peres, & la confiance
qu'ils avoient en eux : l'un &
l'autre servit beaucoup aux
Missionnaires pour le bien
de la Religion ; car l'ambi-
tieux Baptiste ayant été de-
posé par leurs soins, & Metro-
phane trés-orthodoxe aiant
pris sa place, ils continue-

rent de faire avec plus de liberté & de fuccez que ja-
mais, leurs Sermons , leur
Ecole , leurs Conferences ,
leurs vifites , & generalement tout ce que leur zéle
leur infpiroit. Ils étoient les
arbitres de tous les differens,
&leur confeil étoit également
recherché&fuivi:tout le monde vouloit les avoir,ils fe donnoient aux grands & aux
petits avec une charité qui
paroiffoit aux ennemis de
nôtre fainte Religion, d'autant plus admirable , que les
Peres vivoient dans une
grande pauvreté , & gar-
doient cependant un fi par-

fait defintereſſement , qu'ils
ne demandoient rien, & n'é-
toient à charge à perſonne.

Mais ce qui étonnoit da-
vantage & les Fideles & les
Infideles, c'étoit de voir que
trois hommes puſſent eux
ſeuls entreprendre tant de
choſes à la fois , & y ſatisfaire. Il eſt vrai que quelque temps aprés le nombre
des Catholiques s'étant de
beaucoup augmenté , & les
Miſſionnaires deja preſque
épuiſez de leurs travaux , ne
pouvant plus ſuffire à l'abondance de la moiſſon , le Patriarche & l'Ambaſſadeur de
France obligerent le Pere

Mancinelly de faire un voyage en Italie , pour demander
à son General un nouveau
secours d'ouvriers Evangeliques. Il partit donc de Constantinople ; mais la guerre
que Soliman declara à la Republique de Venise , empê-
cha son retour, & Dieu voulut en même temps recom-
penser les merites de cet
homme Apostolique : il tomba malade à Naples , & y
mourut dans une grande o-
pinion de sainteté. Plusieurs
villes ont demandé sa cano-
nisation avec beaucoup d'instance; sa vie eclatante par ses
vertus, par ses talens, ses tra-

vaux, & même par ses mi-
racles, a esté imprimée à Rome, & dédiée au Pape Cle-
ment IX.

Pendant que Constanti-
nople perdoit cet excellent
Missionnaire, la peste qui
s'alluma dans cette grande
Ville, luy enleva les autres.
Ces hommes pleins de zele
se crurent obligez d'exposer
leur vie pour sauver les ames
d'une infinité de moribonds
qui perissoient à toute heure. Dieu leur donna le temps
& la joye d'assister un grand
nombre de Catholiques ; de
recevoir l'abjuration de plusieurs Schismatiques bien

convertis ; de conferer le Baptême à quantité d'enfans, & même à des Adultes qui le demanderent en mourant ; enfin eftant pleins de merites & d'années , & aprés avoir eu la confolation d'arracher au demon tant de glorieufes dépoüilles, ils eurent encore celle de mourir martyrs de la charité.

Conftantinople demeura quelques années fans Miffionnaires de nôtre Compagnie.

L'Ambaffadeur de France qui étoit alors Monfieur de Salignac Baron de la Motte Fenelon , touché du mal-

heur de cette Eglise abandonnée, & suivant les mou-
vemens de sa pieté, & de sa
Religion, representa forte-
ment au Roy son Maître le
besoin pressant de reparer
par de nouveaux Missionnaires la perte des premiers.

Henri IV. aimoit trop l'E-
glise, pour ne pas profiter
de l'avis de son zelé Mini-
stre. Il donna ordre qu'on
en fist partir six, & assigna
des fonds pour leur entretien : ils s'embarquerent, en-
flammez de ce feu divin,
dont Dieu embraze les cœurs
de ceux qu'il destine à un si
saint ministere ; & animez

encore par les vertus de leur Superieur le Pere de Canillac, qui étoit d'une Maifon que l'on fçait eftre une des plus anciennes & des plus illuftres de France. Le fuccez de ces derniers fut bien different de celuy de leurs predeceffeurs ; car ils n'eurent prefque point d'autre confolation que celle de fouffrir pour JESUS-CHRIST, & ils apprirent par leur expérience que ceux qui veulent, à l'exemple du Sauveur & de fes Apôtres, travailler à la propagation de l'Evangile, doivent eftre toûjours préparez à foûtenir des perſecutions, & à porter des croix.

Ces ſix Miſſionnaires eurent d'abord à eſſuyer une longue & fâcheuſe navigation, où ils penſerent pluſieurs fois périr : à leur arrivée on leur refuſa leur maiſon & leur Egliſe de S. Benoiſt ; bientôt aprés les Renegats les accuſerent d'être des hommes ſeditieux, & des eſpions du Pape. Cette calomnie fut apuyée par un puiſſant ennemi, qui ſe fit une politique de les perſecuter ; le grand Vizir ſur ces depoſitions, fit arrêter les Peres.

Si-tôt que Monſieur l'Am-
baſſadeur en fut averti , il
prit leurs intereſts avec toute la chaleur que luy inſpi-
roit ſon zele , & la vertu de
ces innocens Captifs. Son
crédit fut pendant quelque
temps balancé par de groſſes
ſommes d'argent, que les ennemis des Peres diſtribuoient
ſous main ; mais enfin il
l'emporta ſur l'avarice des
Juges , non ſeulement il fit
rendre la liberté aux Miſſionnaires , mais il les remit
encore en poſſeſſion de leur
Egliſe de S. Benoiſt.

Aprés un ſi grand ſervice,
il ne manquoit rien aux Pe-

res qu'une occasion de re-
connoître l'obligation qu'ils
avoient à leur illustre libe-
rateur ; Dieu leur en donna
une la plus avantageuse qu'ils
pussent jamais souhaiter.

Monsieur de Salignac
avoit pour lors auprés de luy
Monsieur de Carlac son frere malheureusement engagé
dans le Calvinisme , & fort
attaché à son parti : la douleur que lui causoit l'erreur
& l'obstination de ce frere
si cher s'augmenta de beaucoup, lors qu'il le vit tomber
malade , & bien-tost reduit
à l'extremité. Pendant qu'on
couroit aux remedes hu-

mains, Monſieur l'Ambaſſadeur envoya querir promptement le Pere de Canillac, pour tâcher à guerir l'ame de ſon frere, plus malade encore que ſon corps.

Le moment étoit venu où Dieu vouloit exaucer les vœux que Monſieur de Salignac faiſoit depuis long-temps pour la converſion d'un frere qu'il aimoit tendrement. Le Pere l'entretint pluſieurs fois; le malade l'ecouta, & luy propoſa même ſes difficultez : pendant que le Pere y répondoit, la grace agiſſoit interieurement,

Dieu & par une double fa-
veur gueriſſoit le corps en
même temps qu'il gueriſ-
ſoit l'ame : l'un & l'autre
rentrerent pour ainſi dire,
dans une nouvelle vie ; le
convaleſcent fut convaincu
de la fauſſeté de ſa Religion,
& ſi-toſt qu'il ſe ſentit des
forces, il voulut aller aux
pieds des Autels pour en faire abjuration entre les mains
du Viſiteur Apoſtolique ; ce
qu'il fit avec une joie in-
croyable de Monſieur l'Ambaſſadeur, & une tres-ſenſi-
ble conſolation des Miſſionnaires.

Nous avons crû, MES-

S E I G N E U R S , que nous
ne devions point paſſer ſous
ſilence cette eclatante converſion , qui peut ſervir à
confirmer dans la vraye
foy ceux que vôtre zele &
vôtre charité y ont fait rentrer dans vos Dioceſes.

La converſion de Monſieur
de Carlac fut le commencement des ſuccez que Dieu
donna aux travaux des Peres
pendant cinq ou ſix ans de
ſuite : car ſi-toſt que la protection de Monſieur l'Ambaſſadeur , qui avoit redoublé
ſon affection pour eux depuis le changement de Monſieur ſon frere , les eut mis

en liberté de reprendre leurs fonctions, ils ouvrirent leur Egliſe, ils y prêcherent tous les jours en Italien & en Grec vulgaire, avec un tres-grand concours de Francs, de Grecs & d'Armeniens : il ſembloit même que la perſecution paſſée donnoit vogue à leurs Predications ; leurs auditeurs en ſortoient ſi touchez, & ſi pleins d'eſtime, de la vertu & de la capacité des Miſſionnaires, qu'ils en parloient par tout, & faiſoient naître l'envie de les voir & de les entendre. En effet, leur maiſon fut bien-toſt pleine de perſonnes qui venoient à toute te heure pour les confulter; & on voioit pour fruit de ces Conferences particulieres des Confeffions generales, des reconciliations, des reftitutions & des abjurations frequentes.

Rien ne contribua davantage à avancer l'œuvre de Dieu, que l'établiffement d'une Congregation en l'honneur de Nôtre-Dame. Monfieur l'Ambaffadeur en voulut eftre, & fon exemple y attira les plus confiderables d'entre les Chrétiens, de toutes les nations qui étoient alors dans cette ville.

Ces fervens Congreganif-

tes supléoient au petit nombre des Missionnaires , ou
pour mieux dire , ils étoient
eux-mêmes autant de Mis-
sionnaires dans les prisons ,
dans les Hôpitaux , dans les
visites des Chrétiens , pre-
chant en tous lieux par leur e-
xemple & par leurs paroles.

Des Caloyers , des Papas
& des Religieux du Mont
Atos prierent les Peres de
faire pour eux en particulier
des Conferences, qui eurent
tant de succez, que des Eve-
ques voulurent bien les ho-
norer de leur presence. Le
Patriarche de Constantinople y assista ; celuy de Jeru-

falem paſſant par là , & en
ayant entendu parler , voulut s'y trouver ; il en ſortit ſi
ſatisfait, qu'il fit venir de la
Paleſtine ſon frere âgé de
vingt ans , pour le mettre
ſous la conduite des Miſſionnaires.

Dans ces heureux com-
mencemens leur conſolation
étoit trop grande pour n'eſtre pas interrompuë de quelque nouvelle diſgrace. La
perte qu'ils firent de leur
plus ſolide appui dans l'O-
rient, leur fut un triſte pre-
ſage de tout ce qu'ils avoient
à craindre. Monſieur l'Ambaſſadeur mourut entre leurs

bras, & d'une mort qui fut
aussi precieuse devant Dieu,
que l'avoit esté sa vie.

Les Missionnaires le pleu-
rerent, comme des enfans
pleurent un pere. Il voulut
en mourant leur donner une
derniere marque de sa ten-
dresse , ordonnant que l'on
mist son corps dans le lieu
même destiné à leur sepultu-
re.

La mort de ce puissant &
zelé Protecteur des Peres re-
veilla la haine de leurs ennemis : ils renouvellerent
contre eux les anciennes ac-
cusations ; mais l'argent qu'ils
distribuoient en même tems,

faifoit bien plus d'effet que
leurs calomnies. Ainfi comme il n'y avoit point encore
d'Ambaffadeur qui pût s'op-
pofer à cette injuftice , les
Peres furent une feconde fois
arrêtez & conduits ignomi-
nieufement depuis Galata jufqu'à Conftantinople , pour
paroître au Tribunal du Caï-
macan. On y lût les chefs
d'accufation contr'eux : ils
voulurent y repondre , mais
fans les entendre , le Juge
les fit mettre en prifon fous
la garde d'un Renegat , que
fon crime avoit rendu plus
barbare & plus cruel que
ceux mêmes qui étoient nez
dans l'infidelité.

Cette ſeconde captivité fut bien plus rude que la premiere ; leur priſon étoit une foſſe creuſée en terre de douze pieds ; l'air & le jour n'y pouvoient penetrer que par une eſpece de ſoupirail qui ſortoit de la voute , & qui ſervoit d'égout aux immondices des maiſons voiſines. Ces Captifs de .JESUS-CHRIST étoient dans la bouë juſqu'à la moitié des jambes, & au milieu d'une puanteur intolerable , ſouffrant la faim , la ſoif & la nudité , ſans autre conſolation que celle de penſer qu'ils ſouffroient pour leur Sau-

veur. Pendant qu'ils languif-
foient ainfi dans cet horrible
cachot, on inftruifoit vive-
ment leur procez, & l'innocence alloit eftre opprimée,
lorfque le Baron de Sancy,
de la Maifon de Harlay, nommé Ambaffadeur en cette
Cour, & qui fut depuis Eve-
que de faint Malo, arriva à
Conftantinople.

Les Miffionnaires luy ef-
toient fi fort recommandez
dans fes inftructions, & il
avoit en fon particulier tant
de bonté pour leur Compa-
gnie, qu'il prit d'abord con-
noiffance de leur affaire : il
apprit que leur zele pour le

ſalut des ames , & le bien
qu'ils avoient fait dans la
ville depuis qu'ils y étoient
entrez , faiſoient tout leur
crime. C'en fut aſſez pour
l'obliger à prendre leur défenſe avec toute la chaleur
poſſible.

En effet il leur ſauva la
vie & la liberté ; il n'en put
cependant retenir que deux
auprés de luy ; car ſix mille
nouveaux ſequins donnez
par les ennemis des Pe-
res, firent bannir les autres.
Mais ce banniſſement ne dura pas long-temps ; car Dieu
permit que le plus puiſſant
de leurs ennemis, & celui-là
même

mêmequi avoit été la cause de
la persecution, tombast dans
une disgrace qui le mit hors
d'état de leur nuire davantage, & Dieu permit encore
que son truchement, qui luy
avoit servi d'instrument d'i-
niquité contre les Ministres
de l'Evangile, fût étranglé
par l'ordre du Visir, parce
qu'il fut surpris par ce Seigneur interpretant les paroles de son Maître beaucoup
plus malignement contre
eux, que son Maître même
ne les avoit prononcées.

Ainsi l'Ambassadeur de
France eut toutes les facili-
tez qu'il pouvoit souhaiter

pour remettre les Million-
naires dans leurs premiers
emplois. Ils revinrent donc
à Conſtantinople avec la
joye des Chrétiens, & mê-
me avec celle de pluſieurs
Turcs, qui n'avoient jamais
aprouvé l'injuſtice & la violence qu'on leur avoit faite.

Mais il faloit que le fro-
ment fuſt mis en terre pour
y faire germer le grain : en
effet cette nouvelle perſecution redoubla la ferveur non
ſeulement des Miſſionnai-
res, mais même celle des
Chrétiens, ils venoient en
plus grande foule que ja-

mais aux Inſtructions & aux Sermons des Peres, les Sacremens furent plus frequentez qu'ils ne l'étoient auparavant, & le changement de mœurs fut ſi viſible que les Infideles en eſtoient ſurpris, & ne pouvoient s'empêcher d'admirer les ſentimens que la Religion Chrétienne inſpire, & les actions heroïques qu'elle fait faire.

Monſieur l'Ambaſſadeur qui favoriſoit autant qu'il pouvoit le zele des Peres, vit bien qu'ils étoient en trop petit nombre, pour recueillir tout ce qu'ils avoient ſemé : d'ailleurs ayant déja des vûës, comme il en avoit, pour établir des Missions dans quelques Villes principales de l'Empire Ottoman, il voulut que le Pere de Canillac, dont nous avons déja parlé, fist un voyage en France, pour y amasser une nouvelle troupe d'ouvriers Evangeliques. A son arrivée il en trouva plusieurs qui brûloient du desir de sauver les ames, & de souffrir pour JESUS-CHRIST: il en fit un choix, & son nombre ayant esté rempli, ils partirent tous ensemble pour passer les Mers, & arriverent tres-heureusement au terme.

Ces derniers venus trou-
verent d'anciens Miſſionnaires conſommez en vertu &
en experience, ils ſe formerent
ſur ces excellens modeles,
& devinrent enſuite eux-
mêmes capables d'en former
d'autres qui vinrent aprés
eux : car la France a toûjours continué de donner des
Miſſionnaires à l'Orient,
pour prendre la place de
ceux dont l'excés des fatigues abrege les jours; & un
des premiers ſoins de nos
Superieurs a toûjours eſté,
& eſt encore, d'envoyer tous
les ans quelques ouvriers E-
vangeliques, aprés les avoir

choisis dans un tres-grand nombre de jeunes hommes qui leur demandent avec inſtance ces ſaints emplois, comme étant ceux qui ont fait le principal attrait de leur vocation dans la Compagnie.

Ceux qui ont eu le bonheur de les obtenir ſous le regne de Louis X I I I. & ſous celuy de ſon invincible Succeſſeur ont beaucoup accrû le Royaume de Dieu, à la faveur de la puiſſance redoutable de ces deux grands Princes, & du zele ardent qu'ils ont toûjours fait paroître pour la Religion.

Mais quelque protection qu'ils en ayent reçûë, ils n'ont pas cependant esté exempts des traverses dont Dieu a interrompu de temps en temps le cours de leur succés, pour redoubler leur courage & augmenter leur foy. Ils ont eu à souffrir de l'avanie des Turcs, de l'infidelité des faux freres parmi les Chrétiens Schismatiques, & plus souvent de la trahison des renegats ; on a vû les uns chassez de leurs Missions avec opprobres, les autres cruellement bastonnez, ou chargez de chaisnes dans les prisons, quelques-uns mêmes ont peri par le fer & le poison , & ont eu la gloire de mourir pour JESUS-CHRIST.

Mais malgré leurs persecutions, ils n'ont pas laissé de porter le flambeau de la foy dans differentes Provinces de de l'Empire Ottoman, & d'éclairer un grand nombre de Chrétiens heretiques. Ils ont parcouru presque toutes les Isles de l'Archipel, & il n'y en a gueres où ils n'ayent fait de longues Missions avec des fruits considerables, particulierement dans celles de Negrepont, de Scio, de Tinne, de Santorin, de Naxi & de Paros.

De plus ils porterent leur
zele dans l'Anatolie, la Ro-
manie & la Morée ; ils pe-
netrerent même jusques dans
la Syrie, & donnerent commencement à quelques Mif-
fions dans ces terres arrofées
du Sang de Jesus-Christ,
& qui eftoient autrefois le plus
tendre objet des vœux de S.
Ignace.

Nous ne vous dirons qu'en
abregé tous les biens qu'ils
firent dans ces excurfions :
ils eurent la confolation de
conferer le Baptême à un
grand nombre d'enfans mo-
ribonds, aufquels la naiffance
l'euft toûjours refufé, ils ba-

ptiferent même des adultes, ils firent rentrer dans le bercail du vray Pafteur plufieurs brebis égarées ; ils ramenerent au bon Pere de famille des enfans prodigues, ils rendirent même à l'Eglife Catholique des Prêtres, des Evêques, des Patriarches, entre lefquels nous pouvons nommer le celebre Jacob Patriarche des Armeniens, le faint homme André Patriarche des Suriens, & fon ancien Maître Conftantin Archevêque de la nation, qui tous font morts en reputation de fainteté.

Les celebres converfions

qui fe firent dans les prifons
des fept Tours furent encore les fruits des travaux des
Miffionnaires. Vingt-trois
Gentils-hommes Hongrois y
abjurerent l'herefie Luthe-
rienne, plufieurs Catholiques d'une naiffance dif-
tinguée y expirerent fous les
coups, n'ayant point com-
mis d'autres crimes que de
n'avoir pas voulu changer de
Religion, d'autres y moururent confommez des miferes
d'une longue captivité, mais
donnant des marques d'une
foy tres-vive & d'une vertu
trés-épurée.

Un de ces plus illuftres

Confesseurs de Jesus-Christ, fut un François de nation, natif de Thoulouze nommé Biennés, qui commanda autrefois dans la Cavalerie sous feu Monsieur le Comte d'Harcourt, & qui fut fait esclave en Candie. Il suporta sa prison avec une patience & une resignation qui inspiroit l'amour de ces rares vertus aux compagnons de sa captivité ; toute son aplication estoit de consoler les malades, & de les secourir avec une trés-tendre charité, jusqu'à leur rendre sans peine les services les plus vils & les plus humilians ; il mourut

entre les bras des Miſſionnaires, aprés avoir reçû tous les
Sacremens de l'Egliſe, avec
des ſentimens qui ne pou-
voient ſortir que d'un cœur
plein de religion, & tout a-
nimé de l'Eſprit de Dieu.

Cette ſainte mort fut ſuivie d'une autre qui ne fut
pas moins prétieuſe de-
vant Dieu : ce fut celle du
Seigneur Marc-Antoine Del-
fin, dont le nom eſt encore
aujourd'huy ſi venerable
dans l'Etat de Veniſe, par
les ſervices que ſes anceſtres
& que ſon frere le Cardinal
& Patriarche d'Aquilée ont
rendus à cette Republique ;

mais quelque rang que luy
donnent devant les hommes
les titres de grandeur qui font
raffemblez dans fa famille,
il fera infiniment plus grand
devant Dieu par les vertus
heroïques, qu'il pratiqua pendant vingt-deux ans d'un
trés-rude efclavage, dont il en
paffa onze dans une baffe-
foffe, fouffrant avec une patience qu'on ne peut expri-
mer, la faim, la nudité & la
puanteur d'un cachot horrible, & plus que tout cela re-
cevant fans fe plaindre jufqu'à trois cent coups de baf-
ton, fans que fon malheureux
état, plus rude cent fois que

la mort, pust tant soit peu al-
terer sa foy & diminuer le
courage de ce genereux
Chrétien.

Aprés tant de mauvais
traitemens qui luy causoient
des défaillances & des éva-
noüiffemens continuels, on
le tira de son cachot pour
prolonger sa vie dans le Château des sept Tours, il en em-
ploya le reste dans toutes sortes d'actions de charité &
de pieté ; il mettoit la plus
grande partie de l'argent
qu'il recevoit de sa famille
au soulagement des malades
& de ceux qui estoient abandonnez de leurs parens ; il

donnoit la plus grande partie du jour à la Priere, & ne
converſoit avec les autres pri-
ſonniers, que pour leur communiquer ſa ferveur & ſon
zele dans le ſervice de Dieu &
dans celuy de Nôtre-Dame,
qui eſtoit le plus tendre objet
de ſes devotions.   Enfin ſes
forces eſtant épuiſées par une
ſi longue & une ſi cruelle captivité, & par ſes frequentes
maladies ; il mourut âgé de
quarante-deux ans, aprés a-
voir reçû les derniers Sacremens de l'Egliſe, gardant u-
ne union parfaite avec Dieu,
& le beniſſant juſqu'au dernier ſoupir de ſa vie.

Aprés

Aprés avoir parlé de ces grands exemples de vertu, il ne faut pas oublier ceux que deux jeunes hommes donnerent vers ce même temps à l'Eglife de Conſtantinople. On verra dans ces deux Heros Chrétiens toute la conſtance, & tout le courage des premiers Martyrs.

Un jeune Grec âgé de vingt-huit ans, s'étant trouvé en compagnie de pluſieurs Turcs, fut prié par l'un d'eux de faire la lecture d'un papier qu'il luy mit entre les mains. Ce papier contenoit une formule que ces Infideles font prononcer à ceux qui em-

F

braſſent leur loy. Celuy-cy la lut innocemment, & ſans y faire reflexion. Cependant il n'eut pas plutôt achevé de la prononcer, que celuy qui la luy avoit donnée pour la lire, prit les autres à témoins que ce jeune homme venoit de declarer qu'il ſe faiſoit Turc. Nôtre Chrétien bien ſurpris, eut beau faire ſerment du contraire, ſur le refus qu'il fit de prendre le Turban, ils le menerent en priſon, où il demeura 50. jours, proteſtant qu'il eſtoit Chrétien, & qu'il ne ceſſeroit jamais de l'eſtre.

Ils crurent que les tour-

mens le forceroient à parler
autrement, ils luy firent fouffrir la faim & la foif pendant
fix jours entiers, mais inutilement ; ils le chargerent à
plufieurs reprifes de rudes
baftonnades, le jeune Grec
demeura toûjours immobile
dans fa foy. Les Turcs en
furent étonnez , ils eurent
recours aux careffes , ils le
tenterent par des emplois &
des fommes d'argent qu'ils
luy offrirent; enfin ces Infideles voyant que les récom-
penfes & les peines eftoient
également fans effet fur l'efprit & fur le cœur de ce fer-
vent Chrétien, ils luy firent

trancher la teste dans une place publique, où il reçût lacouronne du Martyre.

Quelques années aprés ce glorieux Martyre, un autre Chrêtien ennuyé de ne faire aucune fortune dans sa Province, s'imagina que venant à Constantinople, il y trouveroit un fort plus heureux, il y trouva en effet bien des promesses qu'on ne manqua pas de luy faire pour l'obliger à changer de Religion, il y consentit & prit le turban; il vécut ainsi long-temps avec les seules esperances qu'on luy avoit données. Mais Dieu dont les misericordes font infinies, eut pitié de ce pauvre Apoſtat, il permit qu'on luy fît faire de ſalutaires reflexions ſur le crime qu'il avoit commis, ſur le peu qu'il avoit gagné pour le commettre, & ſur le châtiment qu'il avoit à craindre pendant une affreuſe éternité.

Toutes ces penſées bien penetrées luy ouvrirent les yeux, il vit à découvert l'horreur de l'action qu'il avoit faite; il s'en repentit, & voulut la reparer de la maniére du monde la plus glorieuſe : Car un de ſes amis luy ayant conſeillé de repaſ-

fer en Europe pour mettre
fa vie & fa Religion en feu-
reté, nôtre Pénitent luy répondit qu'il fe fentoit obligé d'expier fa faute dans le
lieu où il l'avoit commife.
Il le fît, il alla chez le Cadis témoin de fon Apoftafie;
il jetta en fa prefence le turban qu'il avoit pris, & il le
foula aux pieds declarant qu'-
il étoit Chrêtien.

Le Juge irrité de cette
hardieffe le fît mettre en prifon, où il luy fît fouffrir
pendant huit jours de tres-
cruels & de tres-honteux
tourmens, rien ne put é-
branler fa foy; aprés avoir eu

le malheur de vivre apoſtat, il eut la gloire de mourir Martyr.

Tous ces exemples des plus heroïques vertus du Chriſtianiſme, font aſſez voir que ces terres ne ſont point ſi ſteriles qu'on le pourroit croire en France, & plût à Dieu que ceux qui en doutent, ou qui affectent d'en douter, fuſſent témoins des heureuſes diſpoſitions que nous y avons trouvées à une abondante fertilité : ils verroient par avance l'accompliſſement de la Prophétie du Fils de Dieu, qui nous a dit que pluſieurs viendront d'Orient, & auront leur place dans le Royaume du Ciel avec Abraham, Isaac, & Jacob, pendant que les enfans du Royaume feront jettez dans les tenebres exterieures.

Mais il est temps, MESSEIGNEURS, de venir à un plus grand détail des occupations que nous avons prefentement à Conftantinople.

Nous fommes fix Miffionaires dans cette Ville, qui elle feule en demanderoit un plus grand nombre qu'il n'y en a dans la Grece entiére. Car on y compte plus de

cent

cent mille Grecs , quarante
mille Armeniens , autant de
Juifs , environ trente mille
efclaves de differentes Nations , & grande quantité
d'Europeans de toutes fortes
de Religions.

Nôtre Eglife eft toûjours
ouverte , nous y faifons toutes nos fonctions avec la même liberté qu'on a dans les
Eglifes de France. Nous y
offrons publiquement le faint
Sacrifice de la Meffe , nous
y adminiftrons les Sacre-
mens , & nous y rompons le
Pain de la parole de Dieu.

Les Feftes & les Dimanches
elle ne defemplit pas , la mo-

deftie, & la pieté, qu'on re-
marque fur le vifage de ceux
qui y prient, pourroit faire
honte à nos Chrêtiens de
France. La coûtume eft
qu'à la fin de chaque Meffe
on fait une petite inftruction
en differentes Langues, pour
l'utilité des Chrêtiens de differentes Nations. L'aprés-
dîné le Sermon, & les prieres publiques étant finies,
nous fommes tous occupez
dans des conferences particuliers avec plufieurs perfonnes
qui viennent s'inftruire fur
des Points de Religion. C'eft
dans ces entretiens que nous
avons fouvent la douleur d'en

voir quelques-uns convain-
cus de la fauſſeté de leur Se-
éte, ſans oſer, la quitter,
tout le ſervice que nous pouvons leur rendre, eſt de les
détourner du vice, & d'empêcher que Dieu ne ſoit offenſé.

La mort nous a enlevé il
y a quelques années un Miſ-
ſionaire qui étoit admirable
pour ces Conferences , &
qui y a fait des fruits incon-
cevables : c'eſtoit le Pere de
ſainte Geneviéve. Depuis ſon
entrée dans nôtre Compa-
gnie il ne ceſſa point de demander avec inſtance la permiſſion de venir dans nos
Miſſions de Grece, il ne l ob-

tint qu'à l'âge de cinquante
cinq ans aprés avoir regenté
pendant ſept ans la Philoſo-
phie, & pendant neuf autres
la Theologie, & aprés avoir
enſuite gouverné un de nos
Colleges. La Grece l'a poſ-
ſedé l'eſpace de vingt-huit
ans, dont il en a paſſé vingt
à Conſtantinople, ſa pro-
fonde érudition ayant bien-
tôt été connuë elle luy attira un grand nombre de perſonnes de toutes ſortes de
Secte & de Religion, qui
venoient le conſulter. L'hu-
milité & la douceur avec laquelle il répondoit, le faiſoient autant eſtimer que ſa

càpacité même ; il avoit aussi
la confiance de la plus grande partie des Francs & d'un
grand nombre de Grecs qui
se mirent sous sa direction,
& qui en tirerent beaucoup
de profit pour le salut de leurs
ames.

Ayant donné tout le tems
necessaire au service du prochain, il employoit le reste
pour les nouveaux Missionnaires, en faveur desquels il
a fait un Lexicon en grec
vulgaire, qui leur est d'un
tres-grand usage pour ap-
prendre cette langue.

Il a vêcu ainsi dans la
pratique des vertus propres

de ſon état juſqu'à l'âge de quatre-vingt-quatre ans. Nôtre Evêque fit la cérémonie de ſes obſeques, les plus qualifiez d'entre les Grecs, & des Cours des Ambaſſadeurs de France, de Veniſe & de Gennes y aſſiſterent, & donnerent des marques publiques de l'eſtime qu'ils avoient pour le merite & la vertu d'un Miſſionnaire; qui avoit tant de part aux biens que la Miſſion faiſoit dans Conſtantinople.

La Congregation dont nous avons parlé, & dont le Pere de Sainte Geneviéve eut ſoin pendant quelque temps , est plus nombreuse que jamais , les principaux de la Nation Françoise se font honneur d'en être ; ils font pareillement honneur à la Congregation par leur conduite aussi édifiante que l'étoit celle de leurs predecesseurs.

Comme l'instruction des enfans est de tous les emplois, celui que Saint Ignace nous a le plus recommandé , parce qu'il est en effet le plus important pour la Religion, un des Missionnaires est chargé de faire tous les jours le Catechisme matin & soir. Nous venons

de perdre un ſaint Vieillard
âgé de ſoixante-dix ans, qui
aprés avoir long-temps gouverné nos Miſlions de Grece, a voulu conſacrer le reſte de ſes jours à faire nôtre
école, il s'eſt acquitté de ces
emplois avec toute la ferveur d'un Novice juſqu'au
dernier ſoupir de ſa vie. Cet
ancien ouvrier de la vigne
du Seigneur ſe faiſoit un
honneur, diſoit il, d'apren-
dre à ces Ames innocentes
à lire en Franc, en Grec, &
en Turc, il inſtruiſoit les
plus avancez en âge des dogmes de nôtre Foy, il les for-
tifioit contre le ſchiſme &

l'erreur , il enſeignoit même le latin à ceux qu'il jugeoit les plus propres pour entrer un jour dans l'état Eccleſiaſtique , & parvenir à ces dignitez. Nous voyons aujourd'huy dans pluſieurs Prelats , les heureux fruits de cette éducation.

Pendant les temps de Carême & d'Avent , nous redoublons les inſtructions dans nôtre Egliſe , on y prêche regulierement trois fois la ſemaine , & ſouvent pluſieurs fois en un jour , & en diverſes langues ; l'Egliſe eſt toûjours pleine ; les Predicateurs en ſortant de Chai-

re, font quelquefois obligez
d'aller remonter dans celles
des Eglifes des Grecs, &
des Armeniens, pour fatis-
faire le defir qu'ils ont d'entendre la parole de Dieu.
Ces Predications confer-
vent les orthodoxes, &
en augmentent le nom-
bre.

Jufqu'à prefent nous n'a-
vons parlé que des exercices
qui fe font dans nôtre maifon. Voici ceux qui fe prati-
quent au dehors.

Comme de toutes les Na-
tions qui abondent en cette
ville, celle des Grecs eft la
plus nombreufe, nous la cul-

tivons icy par preference aux
autres, qui trouvent dans leur
propre païs les inſtructions
de nos Miſſionnaires.

Il faut convenir, Mes-
seigneurs, que le ſchiſ-
me a toûjours icy beaucoup
de force, & qu'il perd un
grand nombre d'Ames, mais
il n'eſt point à beaucoup prés
un ennemi ſi redoutable aux
Miſſionnaires, que l'ignorance & le vice. L'ignorance des Grecs eſt ſi grande,
que la plûpart ne connoiſ-
ſent point d'autre difference
entre leur Egliſe & la nôtre,
que celle qu'ils remarquent
à l'exterieur, c'eſt à dire

dans les jeûnes, & dans les cérémonies qu'ils obfervent, & que nous n'obfervons pas : ils ne fçavent ce qu'ils doivent croire, ni ce que nous croyons, ainfi ils font toûjours expofez à tomber dans autant d'erreurs, qu'il y a d'heretiques qui les approchent. Leurs Prêtres, bien loin de les inftruire, ont pour la plûpart befoin d'être inftruits eux-mêmes. Leur Patriarche fonge à fe maintenir dans fa dignité, qui eft continuellement expofée à des encheres.

Les Evêques de leur côté ne font occupez qu'à amaf-

...fer dequoy vivre , plufieurs même font contraints de le chercher dans des métiers.

Pour ce qui eft du vice, comme il fe commet impu_nément, il fait icy de grands defordres , nous ne laiffons pas cependant au milieu d'u_ne Eglife auffi defolée qu'eft celle dont nous parlons , de trouver des Ames choifies qui demeurent dans la pra_tique fainte de leur rit , & de leurs coûtumes. Il eft donc neceffaire de foûtenir la vertu de ceux-cy , de cor_riger les mœurs de ceux-là , & de guerir cette groffiere ignorance qui infecte toute

la nation. C'eſt pour cet effet que deux de nos Miſ-
ſionnaires ſont continuellement occupez à faire les vi-
ſites des Chrétiens, ils prennent tantôt un quartier &
tantôt un autre ; ils vont de
boutique en boutique, ils y
amaſſent toute la famille a-
vec autant de voiſins qu'il
eſt poſſible, & dans ce petit auditoire ils font une inſtruction familiere conforme
aux beſoins des perſonnes
auſquelles ils parlent. Ils ſe
font enſuite propoſer des difficultez, & en propoſent
eux-mêmes, ils expliquent
les unes & les autres, & fi-

niſſent chaque viſite en in-
terrogeant les enfans ſur leur
Catechiſme , pour l'inſtruction des grands , auſſi-bien
que pour celle des petits.

Les mêmes Miſſionnaires
vont ſouvent rendre leurs
devoirs aux Evêques , & à
leur Clergé , avec leſquels
nous entretenons une par-
faite intelligence, la conver-
ſation eſt toûjours ſur quelque point de Religion ; car
pluſieurs ne demandent qu'à
être inſtruits , depuis peu
nous avons eu le bonheur de
contribuer à rendre quel-
ques-uns d'eux de parfaits
Catholiques.

Outre cette occupation des Missionaires dont nous venons de parler , nous en avons icy une autre beaucoup plus laborieuse ; mais qui n'est pas moins consolante. C'est la Mission que deux de nos Peres font dans les bagnes du Grand-Seigneur , & dans ceux de quelques Seigneurs particuliers.

Ces bagnes sont des prisons où les Infidéles renferment les esclaves qu'ils achetent , ou qu'ils sont sur les Chrétiens dans les guerres qu'ils ont avec eux. Il y en a jusqu'à trois mille dans celuy du grand Seigneur , tous pour la plûpart Moscovites, Polonois, Roux, Allemands & François, il n'est pas possible de faire une juste peinture de l'état déplorable de ces malheureux.

A peine approche-t-on de ces vastes cachots que l'on entend avec horreur le remuëment de leurs chaînes, avec le bruit des coups qu'ils reçoivent, & des cris que la violence du mal leur fait jetter. A la porte de ces horribles cavernes, on apperçoit au travers d'une obscurité que le Soleil ne perce qu'à peine tous ces esclaves enchaînez ; leurs visages pa-

roiſſent haves, & leurs corps
attenuez des fatigues conti-
nuelles de la priſon, & du
travail journalier qu'on leur
impoſe. Ils ne vivent que de
pain & d'eau, ils n'ont point
d'autre lit que la terre, leur
corps eſt à demi-nu ; & pour
comble de miſere, le mauvais
air qu'ils reſpirent dans un lieu
ſi infect, engendre une infini
té de vermines, qui les tour-
mentent continuellement : ce
qui fait plus de pitié, c'eſt
que les malades ne ſont pas
autrement traitez que ceux
qui ſe portent bien. Tout
leur ſoulagement conſiſte à
eſtre couchez ſur un peu de

paille , que les plus charitables d'entre leurs Compa-
gnons leur apportent.

Mais dans l'affemblage
de tant de maux que quel-
ques-uns de ces efclaves fouf-
frent depuis trente & quarante ans, rien ne leur eft
plus infuportable que la du-
reté des Officiers commis à
leur garde , on auroit en
France plus de compaffion
d'une bête, que ces hommes
impitoyables n'en ont pour
ces Captifs, jamais ils ne
leur parlent que le bâton à
la main, & les injures dans
la bouche, une legere faute
eft punie par de fi rudes châ-

timens que la patience écha-
pant à quelques-uns, nous les
avons veu preſts à ſe deſeſ-
perer.

C'eſt dans ces bagnes que
nos Miſſionnaires trouvent
une tres-riche Moiſſon. Comme la liberté de vivre & de
mourir en Chrêtien eſt le ſeul
bien qui reſte à ces pauvres
eſclaves ; nos Miſſionnaires
les aident à en faire un bon
uſage, comme de celuy qui
leur doit être le plus pré-
cieux.

Toutes les Fêtes & Di-
manches deux de nos Peres
ſe rendent de tres-grand matin dans ces priſons pour les

faire prier Dieu, leur dire la
sainte Messe, & les instruire avant qu'ils aillent au travail ; étant partis les Peres
demeurent auprés des malades pour leur faire entendre
la Messe, les consoler dans
leurs maux, les soulager dans
leurs miséres extrêmes & leur
rendre tous les petits services, dont ils sont capables.

Le soir au retour du tra-
vail les Peres retournent aux
bagnes pour entretenir plus
à loisir ceux dont il faut affermir la Foy, ou changer la
Religion, corriger les vices
& prévenir le desespoir en
les aidant à porter avec pa-

tience un joug si insuportable.

Cet employ quelquefois si
rebutant devient doux par
les fruits dont on est témoin ;
car c'est dans ce lieu que
Dieu prend plaisir à décou-
vrir les richesses infinies de
sa bonté, qui attend le pe-
cheur à penitence. Nous
y voyons souvent de ces hommes qui aprés avoir vieilli
dans toutes sortes de crimes,
toûjours insensibles à leur
salut & endurcis dans le mal
reconnoissent enfin la main
d'un Dieu qui s'est apesan-
tie sur eux, rentrent dans
eux-mêmes & reviennent à

luy comme le demande S.
Paul, avec un cœur pur, des
intentions droites, & une
Foy sincére. Nous en voyons
d'autres qui ne sont tombez
dans cet esclavage que par
un coup du Ciel, qui les a
voulu retirer de l'heresie où
ils étoient nez.

Un de nos Missionnaires
tres-zelé pour le salut de ces
Galeriens, a eu le bonheur
par le moyen de la Langue
Allemande qu'il sçait parfaitement bien, de convertir
depuis peu plusieurs Luthe-
riens & Calvinistes, & entr'-
autres deux Capitaines Venitiens.

Mais pour mieux connoî-
tre les benedictions que
Dieu verse sur cette Mission,
il faudroit voir, comme nous,
la multitude des Confessions
dont nous sommes accablez
pendant les nuits entiéres des
veilles des grandes Fêtes que
nous passons dans les prisons avec ces pauvres gens,
il faudroit voir la douleur
de leur penitence, la ferveur
de leurs prieres, leur soif,
pour ainsi dire, de la parole
de Dieu, il faudroit encore
voir avec quelle patience &
quelle conformité à la volonté divine, quelques-uns d'eux
d'une vie tres-innocente su-

portent

portent la pefanteur de leurs
chaînes, dont ils fe deli-
vreroient aifément en renonçant à leur Religion. Enfin
il faudroit être fpectateurs,
comme nous, de la prétieufe
mort de certains efclaves,
qui ne montrant au dehors
qu'un exterieur groffier font
voir au dedans une vertu angelique ; il faudroit entendre
les fentimens qui partent de
leur cœur ; il faudroit voir
leur foy, leur religion, leur
patience, leur contrition,
leur confiance en Dieu, &
leur joye de mourir dans les
fers, d'où nous les voyons
fortir pour aller prendre pof-

session du Ciel.

Voilà , Messeigneurs , une partie des biens qui se font dans la Mission de Constantinople ; mais quelques grands qu'ils soient en nombre, il en reste encore beaucoup à faire. Car il y bien des Grecs qui demeurent sans instruction , les Armeniens sont presque abandonnez, les esclaves de l'un & de l'autre sexe , qui sont dans les maisons particulieres, ne peuvent estre secourus , d'où il arrive que plusieurs d'entr'eux gagnez ou forcez par leurs Maîtres renoncent à leur Religion. Tout ce que

nous pouvons faire eſt de
leur envoyer quelques bons
livres pour les entretenir
dans le Chriſtianiſme. C'eſt
à la lecture de ces Livres que
deux eſclaves qui vinrent
chez nous il y a peu de temps,
nous ont dit qu'ils devoient
la conſervation de leur foy
& de leur innocence. Le
premier eſtoit un homme de
trente-quatre ans, qui en a-
voit paſſé dix-ſept ſans avoir
pû parler à aucun Prêtre, &
qui cependant avoit toujours
conſervé dans une maiſon infidelle un cœur Chrêtien.
L'autre eſclave eſtoit une
femme, qui avoit genereu-

sement resisté pendant quatre ans à la passion d'un Janissaire, dont elle méprisa toujours & les promesses & les menaces.

Nous ajouterons icy, MESSEIGNEURS, parmy les biens qui se font à Constantinople, ceux que nos Missionnaires ont tâché de faire dans Andrinople.

Le zele que feu Monsieur Girardin Ambassadeur du Roy a toujours eu pour la Religion, luy avoit fait entreprendre l'établissement d'une Mission fixe dans cette Ville, qui est aujourd'huy la demeure ordinaire du Grand Seigneur. Le vice & l'erreur qui y regnoiét, joints à l'abandon où eftoient un grand nombre d'efclaves de toutes les Nations de l'Europe, qui vivoient fans inftruction, & qui mouroient fans fecours, furent pour luy un puiffant motif d'y établir des Miffionnaires. Mais la mort ayant prévenu l'execution de fes deffeins, Monfieur de Caftagniere Marquis de Château-neuf fon Succeffeur voulut achever ce que fon Predeceffeur avoit commencé.

Les premiers Miffionnai-

res qu'il établit dans cette Ville y travaillerent avec beaucoup de succés; deux d'entre-
eux y moururent dans l'exercice de la charité, dont l'un
fut le Pere Pierre Bernard,
qui a rendu de tres-grands
services à la Religion dans
la Grece. C'étoit un homme
à qui Dieu avoit donné des
talens, qui luy auroient fait
beaucoup d'honneur en France, s'il y fût demeuré. Son
esprit étoit excellent, surtout
fertile à trouver des expe-
diens sages, pour procurer
la gloire de Dieu & le salut
des Peuples, auprés desquels

il travailloit. Son naturel é-
toit doux & infinuant, fes
paroles étoient perfuafives ;
il prêchoit en Turc, en Armenien, en Grec, en Italien,
& avoit même acquis toute
la delicateffe de ces langues.
Lorfqu'il montoit en chaire,
il étoit toûjours extraordi-
nairement fuivi ; d'ailleurs
fes fermons étant tres-in-
ftructifs & pleins d'onction
ils faifoient de grands
fruits.

Pendant dix ans qu'il a
été à Conftantinople, il a
pris le foin des bagnes, dont
nous avons parlé ; il y paf-
foit fouvent les jours & les

nuits. Sa présence étant en-suite devenuë necessaire à Andrinople, il y alla, & y demeura par obéïssance, sans avoir jamais voulu represen-ter à ses Superieurs, que l'air de cette Ville luy étoit con-traire. Il ne laissa pas mal-gré sa mauvaise santé de tra-vailler continuellement à l'in-struction des Grecs & des Armeniens de cette Ville; particuliérement dans un temps de peste, où aprés les avoir assistez, il fut attaqué du même mal & en mourut. Il fut regreté universellement de tout le monde & des Turcs mêmes, qui l'aimoient & qui

l'eſtimoient ; mais ſur tout
desArmeniens,dont pluſieurs
luy devoient le bonheur d'ê-
tre rentrez dans la veritable
Egliſe.

Si-tôt que la nouvelle de
ſa mort eut été répanduë, ils
vinrent en foule chez nous
pleurant & gemiſſant : leur
Evêque voulut faire les ob_
ſeques, qui durerent depuis
huit heures du matin juſqu'à
trois heures aprés midy. Les
Prêtres Armeniens allerent
faire de longues prieres ſur
ſon tombeau pendant ſept
jours de ſuite : mais rien ne
fera mieux voir les ſentimens
de cette Nation pour le Pere

Bernard que la lettre, qu'elle
nous écrivit à Constantinople & dont voicy les ter-
mes.

» Dieu soit beni de ce qu'il
» a frapé nôtre tête, & de ce
» qu'il nous a laissé sans yeux
» & sans lumiére : nous n'a-
» vions qu'un Pasteur, & il
» a pleu à Dieu de nous l'en-
» lever, nous n'avions qu'un
» Vigneron & nous l'avons
» perdu; nous sommes des
» orphelins abandonnez à la
» fureur des Heretiques, con-
» tre lesquels nôtre Ange,
» & nôtre Apôtre, le feu
» Pere Bernard nous défen-
» doit : peut-être même les

eût-il convertis, s'il euſt vê- «
cu plus long-temps ; car «
nul de nôtre Nation ne «
pouvoit reſiſter à la dou- «
ceur & à la force de ſon «
zéle, qui le faiſoit travail- «
ler infatigablement pour «
nous : mais il eſt dans le «
Ciel, & il ne nous oublie- «
ra pas. «

La mort d'un ſi excellent homme fut ſuivie de celle d'un jeune Miſſionnaire, qu'on luy avoit donné pour compagnon. C'étoit le Pere Mocet Pariſien ayant été deſtiné pour Andrinople il y finit ſa carriere en peu de temps, mais avec beaucoup de bonheur ; car aprés avoir travaillé pendant deux ou trois ans dans la Vigne du Seigneur, il mourut, ainsi que le Pere Bernard, pendant la peste au service de ses freres & du même mal. C'étoit un jeune homme qui possedoit toutes les qualitez propres à faire un Missionnaire ; il avoit du zéle, du courage, de la facilité pour apprendre les Langues ; mais surtout une devotion, une ferveur, & une regularité dans tous ses devoirs, qui n'avoit point diminué depuis son Novitiat.

Andrinople ayant perdu

ces deux Ouvriers , il euſt
été à ſouhaitter pour le bien
des Chrêtiens que nous euſ-
ſions pû leur en envoyer
deux ou trois autres , & leur
faire une demeure ſtable ;
mais nos fonds ne nous le
permettant pas , il faut ſe
contenter que deux Miſſionnaires aillent de temps en
temps porter la Miſſion dans
cette Ville : Voicy ce que
nous en écrit un de nos Peres , qui y eſt allé pour trois
mois.

J'ay trouvé, dit-il, dans «
cette Ville Imperiale beau- «
coup plus de travail que qua- «
tre Miſſionnaires n'en pour- «

» roient faire; car on y compte
» plus de huit mille Grecs, plus
» de quatre cent familles Ar-
» meniennes , & beaucoup
» d'autres Chrêtiens de diver-
» ses Nations , & de diverses
» Sectes. Je suis sensiblement
» affligé de les voir tous sans
» instruction, & sans exercice
» de nôtre Religion. Je le suis
» encore davantage de ne pou-
» voir leur donner le secours ,
» qui leur seroit necessaire ;
» car n'y ayant icy que moy
» de Missionnaire, & m'étant
» impossible d'ailleurs de satis-
» faire à tant de besoins, j'ay
» suivi l'inclination que Dieu
» m'a toujours donnée pour le

salut des esclaves, qui m'a «
paru un bien pur & solide. «

    Depuis six semaines que »
je suis icy, j'ay eu la conso- «
lation de faire toutes nos «
fonctions dans l'Eglise de la «
Republique de Raguse, avec «
une liberté parfaite. J'y ay «
administré les Sacremens à «
environ quatre-vingts per- «
sonnes, dont une cinquan- «
taine étoient Allemands ou «
Allemandes, qui depuis dix «
& vingt ans d'esclavage, n'en «
avoient pas approché. Ils me «
paroissent assés bien confir- «
mez dans la vraie Foy ; ce «
qui me fait bien esperer «
d'eux, c'est que pouvant se «

» retirer de leur misere extrê-
» me, en renonçant à leur
» Religion, ils me témoignent
» être plus résolus que jamais
» de tout souffrir, plûtôt que
» de commettre une action si
» indigne d'un Chrétien. J'ay
» reçû depuis peu l'abjuration
» d'une Lutérienne, & de sept
» autres esclaves des galeres; &
» j'ay lieu d'esperer que leurs
» exemples seront suivis de
» plusieurs autres.

» Au reste, je ne puis assez
» vous dire combien je suis re-
» devable à Monsieur le Mar-
» quis de Châteauneuf Ambas-
» sadeur en cette Cour; il a mil-
» le bontez pour moy, & c'est

à

t à ſa protection toute parti- «
« culiere que je dois la liberté «
« que j'ay de faire le peu de «
t fruit que je fais en cette ville. «

Mais c'eſt aſſés, MES-
SEIGNEURS, vous avoir
parlé des biens qui ſe font
& qui ſe pourroient encore
faire, ſoit à Conſtantinople,
ſoit à Andrinople ; il faut
vous parler de nos autres
Miſſions de Grece.

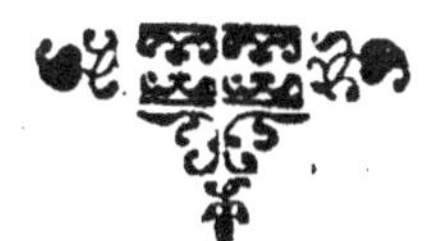

MISSION
DE
SMIRNE.

SMIRNE si fameuse autrefois pour être la principale des sept Eglises de l'Asie, & le lieu où s'assembloient les Etats Generaux du païs, est encore aujourd'huy une des plus celebres & des plus illustres Villes de la domination du grand Seigneur. On y compte plus de soixante mil Habitans, dont il y en la moitié de Chrêtiens de l'un & de l'autre rit, avec un grand nombre de Juifs, & encore une plus grande affluence d'Etrangers que le commerce y attire, non feulement de toutes les Nations de l'Afie, mais encore de celles de l'Europe.

Nous fommes prefentement fept Miffionnaires dans cette Ville, bien differente de ce qu'elle étoit autrefois, lorfque le faint Efprit n'avoit aucun reproche à luy faire. Les defordres qui ont deshonoré Conftantinople ont paffé jufqu'à Smirne, & d'une Eglife fi parfaite, ils en ont fait une Eglife pleine de rides & de tâches. Mais si cette Ville nous fournit un si grand travail, elle nous offre aussi de puissans motifs pour animer nôtre zele : car elle nous met devant les yeux les vestiges de l'Apostolat de saint Jean , qui la sanctifia autrefois par sa presence : de plus elle nous fait voir les restes de ce celebre amphiteatre , où saint Policarpe Disciple de cet Evangeliste, & nommé par luy Archevesque de Smirne , deffendit la foy de Jesus-Christ, & souffrit à l'âge de quatre-vingts-six ans avec un courage invincible , l'affreux tourment du feu, où il finit ſa vie par un glorieux martyre.

Ce même amphitheatre nous repreſente encore le genereux combat, où le jeune Germanicus ſignala en même temps ſa foy contre un Proconſul, qui eut l'affront de voir que les bêtes feroces & carnacieres reſpecterent dans ce Héros Chrêtien, le nom de Jesus-Christ, que ce Tyran mépriſoit. D'ailleurs, le ſouvenir de tant de Docteurs qui nous ont icy précédé, & le ſang de tant de Martyrs, qui eſt aujourd'huy la ſemence de nos

Chrétiens, nous anime. Enfin, comme les exemples domestiques ont une force extraordinaire sur ceux qui en doivent estre, pour ainsi dire, les heritiers, nous sentons redoubler nôtre zéle, en rappellant dans nôtre memoire celuy dont brûloient nos premiers Missionnaires, qui ont donné commencement à cette Mission.

Ce fut sur la fin de l'année 1623. qu'ils y vinrent. Monsieur de Cesy que le Roy prit encore dans la maison de Harlay pour l'envoyer Ambassadeur en cette Cour, les demanda sur la representa-

tion que Monſieur Sanſon,
alors Conſul des François,
luy fit du beſoin que cette
Ville avoit de Miſſionnaires,
pour tâcher à reparer les
bréches que le ſchiſme & ſes
ſuites y avoient faites. Si-tôt
qu'ils y furent arrivez, il les
logea chez luy, & leur fit
preparer une Chapelle, avec
tous les ornemens neceſſaires
à leurs fonctions.

Les Peres y commence-
rent des inſtructions en differentes Langues. L'exemple
du Conſul qui s'y trouvoit
des premiers, y attiroit toute ſa nation, & celle-ci attira toutes les autres. Comme

le nombre des Auditeurs ne pouvoit pas estre bien grand, la Chapelle étant petite, les Missionnaires étoient obligez en finissant une instruction, d'en commencer une autre, & cela jusqu'à trois & quatre fois de suite, pour contenter ceux qui n'avoient pû y trouver place. Chacun sortant de ces instructions tres-satisfait & trés-édifié, la foule croissoit tous les jours. Les Grecs sur tout y vinrent en grand nombre ; ceux du Rit latin firent tant d'éloge de la capacité, & de la vertu des Missionnaires à leur Archevêque Religieux de l'Ordre l'Ordre de saint Dominique, que ce Prelat fit l'honneur aux Peres de les inviter à prêcher dans son Eglise, qui étoit trés-grande ; ils le firent avec tant de succés & de benediction, que l'Archevêque voyant les grands biens, que son peuple en recevoit, voulut avoir le Superieur de la Million pour son Vicaire General. Le Pere s'en excusa, mais l'Archevêque en écrivit au Pere General Mutius Vitelleschi, & le pria de faire un Commandement exprés au Superieur d'accepter cette place, ce qui fut fait.

L

Sept années se passerent ainsi, pendant lesquelles on vit à Smirne, les mêmes fruits que l'on avoit veus à Constantinople. Mais ces sept années, qu'on peut nommer des années d'abondance, s'étant écoulées, il falut souffrir quelques années de sterilité. Le changement de Consul les fit naître.

Monsieur Sanson eut un Successeur, qui n'eut ni son esprit, ni son cœur, les Peres ne trouverent plus de demeure, ni de chapelle dans sa maison : ce qui leur fut plus rude, fut de voir qu'ils n'en devoient attendre aucun appuy pour la Religion.

Les mal-intentionnez s'en apperceûrent; ils en profite-rent pour troubler les Mif-fionnaires dans leurs em-plois: ceux-cy eurent beau s'en plaindre ; le nouveau Conful laiffoit tout faire, fon filence augmenta la perfecu-tion, elle devint fi violente que les Peres pour s'en mettre à couvert, furent obligez pen-dant un an de changer cinq ou fix fois de demeure. On les pourfuivoit partout, ils n'étoient nulle part en feû-reté, jufque-là qu'ils furent reduits à fe cacher pendant le jour. L'un d'eux trouva dans le coin d'un magazin d'un Turc, l'azile qu'il ne trouvoit pas ailleurs, & que les Catholiques n'osoient luy donner : L'autre se retira dans le fond d'une Cabane abandonnée voisine de la mer ; un troisiéme se cacha dans un Vaisseau qui étoit au Port.

Pendant les cinq années que dura cette tempeste excitée contre les Missionnaires, ils ne laisserent pas de visiter secretement les plus fervens Chrétiens. Ils les assembloient dans des maisons pour maintenir leur foy & entretenir leur pieté ; il sembloit même par une providence particuliere, que la ferveur du troupeau s'augmentoit à pro-portion que leurs Pasteurs es-toient persecutez. L'Arche-vêque gemissoit de son côté, se voyant sans le credit de pouvoir proteger des person-nes, dont son Eglise avoit re-çû de si grands services : il commença même à appré-hender que les Missionnaires, qui se trouvoient sans de-meure, sans biens, sans pro-tection, ne fussent enfin con-traints de quitter la Ville. Crai-gnant donc d'un côté de per-dre des hommes qu'il jugeoit si necessaires à son Eglise, & pressé de l'autre par les Ca-

tholiques de ſa nation, qui le
conjuroient d'avoir recours
au Roy tres-Chrétien, le plus
zelé deffenſeur de la Religion, & leur puiſſant protecteur, il prit la reſolution de
luy preſenter une tres-hum-
ble Requeſte au nom des
Grecs, dont il eſtoit l'Archevêque. Les Armeniens ani-
mez de cet exemple voulu-
rent y joindre la leur ; ils
l'adreſſerent au Pape & au
Roy au nom de leur nation.
Je mets icy, Messei-
gneurs, la fidelle tradu-
ction de ces deux Requeſtes,
pour vous faire voir les heureuſes diſpoſitions, qui étoient

alors dans ces peuples, & qui
font encore aujourd'huy les
mêmes.

LETTRE

Du Reverendiſſime & Illuſ-
triſſime Archevêque Grec
de Smirne au Roy tres-
Chrétien Louis XIII.

Nous ſommes tres-obligez
à la divine miſericorde,
de ce qu'aprés avoir verſé ſur
nous des graces en abondance,
elle daigne nous en faire de nouvelles, en envoyant à nôtre Egliſe des Docteurs auſſi zelez pour
le ſalut des ames, que le font les

Missionnaires de la Compagnie de Jesus. Car depuis qu'ils sont entrez dans le Dioceze de nôtre tres-saint Archevêché de Smirne, ils n'ont jamais cessé d'instruire les Chrétiens par leurs prédications dans nôtre Eglise, d'enseigner aux enfans la doctrine Chrétienne, d'inspirer aux uns et aux autres par leurs paroles, & par leur sainte vie, la crainte de Dieu, l'horreur du vice, & l'amour de la vertu.

Or ces mêmes Peres qui travaillent continuellement et avec tant de fatigues au salut des Grecs, des Latins, & des Armeniens, se trouvent dans une extrême necessité, n'ayant icy, ny demeure fixe, ny fonds asseurez pour leur subsistance. Nous tant Prêtres que seculiers supplions tres - humblement le tres-juste & tres - triomphant Roy de France, de leur faire donner une maison qui leur appartienne, & de les assister de ses liberalitez; afin que ces dignes ouvriers de l'Evangile ses sujets continuent avec une entiere liberté de donner à cette Eglise les secours spirituels, dont elle a besoin. A ces fins nous luy adressons la presente Requeste écrite de nôtre main & scellée de nôtre Sceau en l'année 1632. ce 20. Octobre.

JACQUES Archevêque de Smirne.

LETTRE

Des Armeniens de Smirne au Pape Urbain VIII. & au Roy de France Louis XIII.

TRes - parfait & envoyé de Dieu, saint Pape, qui presentement tenez la place de Jesus-Christ, & qui estes assis dans la Chaire de saint Pierre, le Prince des Apôtres ; & vous Roy des Rois, Cesar des Cesars, Louis Roy de France, qui avez esté planté par le bras divin, nous vous écrivons les larmes aux yeux, & le visage abatu

de tristesse, ces humbles Lettres
à vous, qui estes nos esperances aprés Dieu, & qui estes les
colonnes de ceux qui adorent la
Croix. Nous pauvres & pleins
de pechez, Prêtres Armeniens
de Smirne, tout le Clergé &
tous les seculiers, depuis le plus
grand jusqu'au plus petit, nous
vous envoyons cette Lettre pour
vous supplier, grand Roy, que
les Missionnaires qui nous apprennent le Chemin du Ciel,
obtiennent par vôtre ordre &
par vôtre liberalité Royale un
soulagement à leur pauvreté,
avec une demeure stable, où ils
puissent nous enseigner, & à
nos enfans, la Loy du vray

Dieu ; *et)* si vous vous humiliez
jusqu'à vouloir entendre la
raison, qui nous porte à vous
demander tres-humblement cette grace, nous vous dirons que
ces Religieux sont des personnes vertueuses, humbles, obeis-
santes, faisant de bonnes œuvres, & rendant beaucoup de
gloire à Dieu.

Deplus nous vous dirons que
depuis qu'ils habitent dans cette Ville, les Francs & les Armeniens se sont unis ensemble
d'un lien étroit de charité. Les
Armeniens conversent avec les
Francs, & les Francs avec les
Armeniens : quand nous cele-
brons nos Fêtes, nous les y in-

vitons , en leur preſence nous
offrons nôtre encens , nous nous
revétons d'ornemens Sacerdo-
taux , & nous faiſons nôtre
Office , & nos ceremonies ſelon
que porte la coûtume Arme-
nienne. De même quand les
Francs celebrent leurs Fêtes,
ils nous y invitent , ils nous
conduiſent à l'Egliſe ; où ils di-
ſent la ſainte Meſſe ſelon la
coûtume de l'Egliſe Romaine ;
tellement que nos deux nations
vivent dans une ſi grande intelligence, qu'il ne peut pas y
en avoir une plus parfaite.

Mais ſi les Miſſionnaires par
la malice de leurs ennemis , &
par l'excés de leur pauvreté ,

sont obligez de sortir de nôtre Ville, nous craignons avec raison, que cette grande union ne se rompe. C'est pourquoy nos Seigneurs & Maîtres, vous saint Pape, & vous grand Roy, nous pauvres pecheurs Armeniens, nous vous supplions de nous accorder la grace, que nous vous demandons avec toute l'instance possible. Tout éloignez que nous soyons de vous, nous continuërons avec autant de ferveur, que si nous estions vos voisins, de supplier la Majesté Divine, que vous soyez saints au Seigneur, & que le Seigneur soit toûjours avec vous. De Smirne l'an des Armeniens 1681.

le 5. d'Octobre jour de Jeudy.
Signé JEAN XALEPTI Me-
tropolitain.

Ces deux lettres eurent
tout l'effet qu'en devoient attendre, ceux qui les écrivirent,
Loüis XIII. qui étoit continuellement attentif à tout ce
qui regardoit le bien de la
Religion, & dans le Royaume, & hors du Royaume,
fit mettre dans les inftructions de fon Ambaffadeur un
article en faveur des Miffionnaires. Comme cet ar-
ticle a été confirmé & re-
nouvellé plufieurs fois par le
Roy ; nous en mettrons icy
l'Extrait, comme une preu-

ve, qui fera connoître à tout le monde les obligations que la Religion aura éternellement à nos Rois, & qui animera en même temps les Miſſionnaires à redoubler leurs vœux, pour la ſacrée perſonne de celuy, qui les maintient aujourd'huy par un effet de ſon zéle, & de ſa ſouveraine Puiſſance dans la liberté d'étendre preſqu'en tous lieux le Royaume de JESUS-CHRIST. Voicy cet Extrait.

L'employ principal de l'Ambaſſadeur du Roy à la Porte, eſt de proteger ſous le nom & l'autorité

torité de sa Majesté, les Maisons Religieuses établies en differens endroits du Levant ;
comme aussi tous les Chrétiens,
qui y vont, & en viennent à
dessein de visiter les saints lieux
de la Terre Sainte. C'est pourquoy sa Majesté recommande à
Monsieur de Marcheville son
Ambassadeur à la Porte, de travailler sans relâche à maintenir les Religieux dans la pos-
session de leurs maisons, & dans
la jouïssance entiere des liber-
tez & franchises, qui leur ont
esté accordées par les capitula-
tions faites entre le Roy & le
Grand Seigneur, & même d'y
en ajoûter de nouvelles, s'il est

M

*possible; afin d'affermir lesdits
Religieux dans leurs établisse-
mens, et les mettre à couvert
des persécutions & des avanies,
qui leur sont suscitées par les
ennemis de nôtre Religion.*

*Mais comme parmi les Re-
ligieux il n'y en a point, qui
ayent eu plus de traverses, &
qui ayent souffert plus de violences que les Missionnaires
Jesuites; & de plus comme il
y a toûjours à craindre que la
mauvaise volonté de ces mémes
ennemis de nôtre sainte Loy, ne
tâche par de nouvelles entre-
prises à troubler le zele de ces
Missionnaires dans l'exercice
de leurs fonctions. Ledit sieur*

de Marcheville aura l'œil qu'il ne se passe rien au préjudice desdits Missionnaires Jesuites ; et s'il arrive qu'il se forme, ou qu'on execute quelque entreprise contr'eux, il en portera incontinent ses plaintes au Grand Seigneur et à ses Ministres ; afin de reparer sans delay tout ce qui pourroit estre contraire aux articles accordez en leur faveur par sa Hautesse.

Monsieur l'Ambassadeur satisfit pleinement & avec une bonté paternelle aux ordres de la Cour. Il mit bientôt les Missionnaires de Smir-

ne en état d'y avoir un établiſſement ſolide : leurs ennemis ne dirent plus mot : les
Peres recommencerent les
exercices de leurs Miſſions
avec une ferveur nouvelle &
avec une entiere liberté, qui
paſſa à leurs ſucceſſeurs , &
dont nous jouïſſons encore
aujourd'huy.

Ce n'eſt pas à dire cependant que nos predeceſſeurs
ayent toûjours eu un calme
parfait ; des orages de temps
en temps ſe ſont élevez
contr'eux ; mais l'abon-
dance de leur conſola-
tion a eſté plus grande que
celle de leurs peines. Ils ont

vû des Prêtres & des Evêques envoyer à Rome leur Profeſſion de Foy, & demander la benediction du ſouverain Pontife, comme une marque de leur réunion volontaire avec le ſaint Siege. Ils ont vû un grand nombre de Grecs & d'Armeniens ſuivre en cela l'exemple de leurs Paſteurs, & donner enſuite des marques éclatantes de léur foy & de leur vertu. Ces marques ont paru dans la frequentation des Sacremens, dont pluſieurs n'avoient pas approché depuis bien des années, dans des reconciliations, qui ont fait beaucoup d'honneur à la Religion, dans le retranchement de pluſieurs abus que le libertinage avoit introduits ; mais particulierement dans le courage que pluſieurs Chrétiens ont fait voir en donnant leur ſang & leur vie pour JESUS-CHRIST. Nous parlerons icy des plus remarquables, & nous eſperons que les exemples de ces hommes genereux qui ont édifié les Chrétiens d'Orient, n'édifieront pas moins les Chrétiens d'Occident.

Commençons par le martyre de ving-trois perſonnes qui arriva en l'année 1644. dans la Ville de Thyatire, éloignée de celle de Smyrne d'environ cinq lieuës.

Il y avoit dans cette Ville un Docteur de la Loy, si fameux par sa science, que son école étoit remplie de plus de cent cinquante jeunes hommes de vingt-cinq à trente ans qui prenoient ses leçons, pour se rendre capables d'administrer un jour la Justice. Ce Docteur voyant dans l'Alcoran l'estime que Mahomet faisoit de JESUS-CHRIST, eut la curiosité de lire son saint Evangile ; plus il le lisoit, & plus il en étoit touché ; il y étudia toute la Religion, sans avoir d'autres Maître que le Saint

Esprit ; aidé de ses lumieres il y fit un si grand progrés, qu'il fut bien-tôt convaincu de nos Mysteres, & déja Chrétien dans l'ame, il ne put s'empêcher de communiquer ses pensées à ceux de ses disciples qu'il en jugea plus capables ; il leur parloit souvent de l'Eglise de Jesus-Christ, & de son unité ; il leur faisoit remarquer le caractere de la Divinité imprimé dans les saints Evangiles, & en même temps il leur faisoit appercevoir l'erreur & le mensonge qui se trouvoient dans les autres Sectes.

Le

Le Maître perſuadé de ce qu'il leur diſoit, perſuada bien-tôt des diſciples qui a-voient une extrême confian-ce en ſa capacité. Le ſecret ſe gardoit toûjours entr'eux; mais le changement qu'on vit dans la conduite de ces jeunes gens, qui devenoit de jour en jour plus reglée à pro-portion que la foy prenoit racine dans leur cœur, fit ſoupçonner à leurs parens qu'il y avoit icy quelque cho-ſe d'extraordinaire. Ce ſoup-çon s'augmenta par quelques paroles du chriſtianiſme qui leur échaperent. Le bruit en vint aux Magiſtrats qui en prirent connoiſſance, ils firent arreſter le Docteur, ils l'interrogerent ; mais ils furent bien ſurpris de l'entendre répondre en chrétien. D'abord ils voulurent le gagner par des flateries, & enſuitte l'intimider par des menaces ; mais nôtre nouveau Chrétien déja aſſez inſtruit dans ſa Religion, pour ſçavoir qu'il ne pouvoit diſſimuler ſa foy ſans en être prévaricateur, répondit à tout ce qu'on luy pût dire, qu'il n'étoit, ni d'un âge, ni d'un caractere à trahir ſa conſcience dans une affaire auſſi importante que celle de ſon falut; qu'il avoit examiné la Loy de JESUS-CHRIST, que tout ce qu'il en avoit enseigné étoit veritable, & qu'il ne s'en dédiroit jamais; qu'aurefte on pouvoit luy faire endurer toutes fortes de tourmens, qu'il efperoit leur faire voir ce que peut la grace de JESUS-CHRIST dans un Chrétien. Il le fit bien-tôt voir en effet; car ayant été cruellement baftonné fur les épaules, fur le ventre, & fous les pieds, il reçût tous ces coûps fans donner le moindre figne d'impatience. Le Cadis voyant qu'il ne pouvoit ébranler fa conftance,

& craignant d'un autre côté que l'estime, où étoit ce Docteur parmi le peuple, ne causât quelque émotion populaire, il le fit étrangler en prison, & commanda qu'on brûlât son corps en public.

Ainsi mourut ce fameux Docteur d'une loy reprouvée, dont l'heureuse destinée fut de donner sa vie pour défendre la Loy de Jesus-Christ. Sa mort dissipa tous ses Ecoliers à la reserve de vingt-deux, qui demeurerent dans la ville, enseignant par tout la doctrine qu'ils avoient apprise de

leur Maître. On les fit arrêter, on les menaça de toutes fortes de fupplices , s'ils
ne fe retractoient ; mais ils
répondirent qu'ils étoient
plus prêts de fouffrir, qu'on
ne l'étoit de les tourmenter.
Le Cadis qui vit les fuites
d'une fi genereufe refolu-
tion , crut que le plus feur
étoit de s'en défaire incef-
famment. Il les livra aux
Executeurs de la Juftice ;
quelques-uns furent percez
de fléches , d'autres furent
empalez, & il y en eut qu'on
brûla vifs. Tous rendirent
leurs ames à Dieu avec une
joie & une fermeté qui fai-

foit affez connoître la verité de la Religion pour laquelle ils mouroient? A la prétieuse mort de ces ving-trois Martyrs, nous en ajouterons deux autres de ces derniers te mps.

En 1655. Un Armenien nommé George âgé de foixante ans eut la tête tranchée dans la place publique de cette Ville le jour de faint Marc. Il avoit eu d'abord le malheur d'abandonner la Religion Chrêtienne pour profeffer la Mahometanne, & il avoit vêcu quarante ans dans fon crime. Sur la fin de fa vie Dieu luy ayant ou-

vert les yeux, il vit l'infamie
de son action, il en conceût
tant d'horreur, & de déplai-
sir, qu'il entreprit trois fois
le voyage de Jerusalem pour
en obtenir l'absolution : les
Prêtres Armeniens la luy ré-
fuserent, & luy dirent que
son crime étoit si énorme,
qu'il ne pouvoit être effacé
que par l'éfusion de son Sang.
Il revint donc à Smirne dans
le dessein de confesser avec
courage dans sa vieillesse,
ce qu'il avoit renié dans sa
jeunesse avec tant de lâche-
té.

Il passa trois mois dans
cette Ville pour se disposer à

faire l'action de fa vie la plus glorieufe. Le jour de Paf- ques étant venu il fe confef- fa, & communia dans nôtre Eglife, & s'étant rempli de l'efprit de Dieu, il s'arracha le Turban qu'il portoit en tête, il le mit en pieces, & en jetta publiquement les morceaux à fes pieds. Huit jours fe pafferent pendant lefquels il marchoit dans les ruës fans turban; un Turc s'en aperceût, & luy ayant demandé la raifon de ce changement, il répondit qu'il étoit Chrêtien, & fit en mê- me temps le figne de la croix pour preuve de ce qu'il disoit. On l'avertit de prendre garde à luy, on le menacea sans qu'il en fust intimidé, on le mena devant le Cadis, il y parut avec une joye qui surprit les Turcs témoins du péril, où ce Vieillard s'exposoit; on le mit en prison, on le chargea de cent coups de bâton; mais au milieu de ce supplice il confessa toujours JESUS-CHRIST, & pria instamment qu'on le fist mourir pour luy. Sa constance luy obtint ce qu'il demandoit; il fut condamné à avoir la tête tranchée, ce qui fut executé. Les Armeniens donnerent quatre-vingts écus à un Janissaire pour avoir sa tête, & mille écus pour obtenir son corps. Leur Evêque receût ces prétieuses reliques avec toute la solemnité possible, & aujourd'huy elles sont encore honorées de toute la Nation.

Deux ans aprés le martyre de cet heureux vieillard Armenien, Smirne fut encore le theatre, où mourut glorieusement Nicolas Caseti Grec de nation, & âgé de trente-quatre ans. Les chutes, & les foiblesses, qui ont precedé son Martyre, ne luy ont rien fait perdre de sa gloire.

Ce jeune homme natif de Smirne exerçoit la charge de Receveur des Tributs du Grand-Seigneur ; les artifices de ſes ennemis la luy ayant fait perdre, il en conceût tant de chagrin, qu'un jour il luy échapa de dire, pluſtoſt par imprudence que par impieté, que la perſecution de ſes ennemis l'obligeroit enfin de ſe faire Turc. Ces paroles lâchées en préſence de quelques-uns de cette Secte luy couſterent bien cher ; car à l'inſtant même ils l'allerent accuſer de ce qu'étant Turc, ainſi qu'il l'avoit publiquement declaré, il portoit neanmoins le turban à la Grecque. Il n'en fallut pas davantage pour l'arrêter prisonnier : mais la prison ne luy fut pas si funeste que la visite de sa mere ; car y étant accouruë, elle luy persuada autant par ses larmes que par ses paroles, de suivre l'exemple de plusieurs Renegats, qui avoient renoncé à la foy de JESUS-CHRIST, pour des considerations moins fortes que celle de conserver leur vie. Ce fils préfera les mauvais conseils de sa mere aux inspirations divines, il abjura sa Religion, & sortit de pri-

son au milieu des cris de
joye des Infidéles , qui le
conduiſirent avec une eſpé-
ce de Pompe par toute la
Ville , & le menerent circon-
cire.

L'aveuglement de ce pau-
vre homme ne dura pas long-
temps ; il reconnut ſa faute ,
il reprit le turban bleu qui
eſt celuy de Grecs , & quitta celuy des Turcs. Ce changement le fit rappeller en
juſtice ; la mere avertie du
péril de ſon fils , alla promptement employer auprés de
luy les mêmes armes, qui l'a-
voient déja vaincu ; elle luy
dit toute éplorée, que la vio-

lence des tourmens qu'il alloit souffrir, l'obligeroit une
seconde fois d'abandonner
sa foy au scandale de tous
les Chrétiens , qu'il feroit
beaucoup mieux, & pour son
bien , & pour celuy de la
Religion Chrêtienne, d'y re-
noncer seulement en appa-
rence ; conservant dans son
cœur le Christianisme , &
portant sur sa tête le turban
des Turcs.

Ce discours artificieux pro-
noncé par une mere fondant
en larmes gagna une seconde fois le fils ; mais ce fils
quelques jours aprés sentant
les violens remords de sa con-

science, tomba dans une si grande mélancolie, qu'il en perdit le sommeil: à peine pouvoit-on luy faire prendre quelque nourriture. Il se retira à Menemin petite Ville prés de Smirne, pour y éviter la veuë des hommes, qui sembloient luy reprocher son crime. Il y commença une trés-severe pénitence, jeunant au pain & à l'eau, & portant nuit & jour un rude cilice. Il fit plus, car son Curé luy ayant réfusé l'absolution jusqu'à ce qu'il eust reparé dans le lieu même de son apostasie, le scandale qu'il y avoit donné; il

prit une réſolution qui le
conduiſit au martyre ; il revint à Smirne, il y viſita la
plus grande partie des Chrêtiens, leurs demandant pardon du deshonneur qu'il a-
voit fait à la Religion : il
fut enſuite chez le Cadis
pour luy declarer qu'il étoit
Chrêtien, & tout preſt de
luy donner ſa tête pour la
défenſe de ſa Religion.

Ce Seigneur regarda d'a-
bord ce changement du Grec
pénitent, comme un effet de
ſa legereté paſſée, & ne dou-
ta pas qu'une viſite de ſa
mere, ne le fiſt encore une
derniere fois changer ; mais

il

il fut bien surpris d'apprendre que le prisonnier réfu-
soit constamment de la voir.
Ce réfus le mit en fureur ;
il le fit d'abord bastonner,
& voyant que ce châtiment
étoit inutile, il luy fit pendre au col une grosse masse
de plomb, dont la pesan-
teur le tenoit continuellement courbé contre terre ; il
luy fit ensuite serrer les tem-
ples, & les épaules avec des
tenailles ; sa constance n'en
étant point ébranlée, on luy
brûla les côtez avec des fers
rouges, on luy chargea le
ventre d'une pierre, que deux
hommes ensemble eussent eu

peine à soulever. La fureur
du Cadis alla plus loin; car
pour le faire souffrir jour &
nuit, il le fit attacher tout
nud fur une machine de bois,
qui tenoit fon corps dans
une pofture infupportable.
Pendant ce long martyre qui
dura trente-fix jours & trente-fix nuits, nôtre genereux
athlete, beniffoit fans ceffe
le nom de fon Dieu, don-
noit un fpectacle qui réjoüif-
foit les Anges, & qui édi-
fioit les Chrêtiens, témoins
du courage de cet homme
nouveau, qui n'ayant peu
d'abord refifter aux larmes
de fa mere, fe faifoit voir

preſentement un invincible
Martyr.

On luy préparoit encore de
nouveaux ſupplices ; mais le
Geolier étant venu donner a-
vis, qu'il avoit veu ſon priſon-
nier environné des lumiéres
qui ſortoient du corps d'une
perſonne qui s'entretenoit
avec luy, le Cadis le fit mener promptement à la pla-
ce publique pour y être mis
à mort.

Nôtre genereux Chrê-
tien marchoit vers le lieu
du ſupplice avec autant de
joye, que s'il euſt été porté
en triomphe, tous les Chrêtiens le ſuivoient avec des

larmes, & des sentimens de consolation & d'admiration tout ensemble ; il les exhortoit par ses yeux, & ses paroles à vivre, & à mourir dans leur sainte Religion, il leur demanda pardon du scandale qu'il leur avoit donné par ses infidélitez. Etant arrivé au lieu, où il alloit achever le sacrifice de sa vie, il s'é-
» cria à haute voix : Je vous
» rends graces, ô mon Dieu,
» de ce que malgré mes cri-
» mes, qui devoient m'attirer
» vôtre indignation, vous
» voulez bien encore rece-
» voir aujourd'huy mon sang
» & ma vie. Je vous offre,

Seigneur, l'un & l'autre «
pour l'expiation de mon «
peché, & pour vous don-«
ner un témoignage de ma «
foy. Incontinent aprés il fut
mis au gibet, le bourreau
hâta fa mort par un coup de
fabre qu'il luy déchargea fur
la tête. Ce fut ainfi qu'expira nôtre faint Martyr, le
Jeudy Saint 29. Mars fur les
neuf heures du matin en
l'année 1657. Son corps fut
jetté dans la mer par l'ordre
du Cadis, qui apprehendoit
que les Chrêtiens n'honoraf-
fent, ce qu'il vouloit rendre
infame.

Nous ne difons rien icy

de toutes les merveilles qu'-
on publia aprés sa mort ; ou
parce qu'elles ne sont pas
encore assez averées, ou parce qu'on en ignore quelques
circonstances. Ce qui est
certain, c'est que l'exemple
de ces deux illustres Martyrs
mit la ferveur parmi tous
les Chrêtiens de Smirne : car
non seulement plusieurs
Schismatiques, Grecs & Armeniens touchez de la sainte mort de leur compatrio-
te, rentrerent dans l'Eglise
Catholique ; mais il y eut
aussi des Etrangers Luthe-
riens & Calvinistes, qui re-
trouverent dans la Turquie

la vraye Foy, dont ils étoient privez par le malheur de leur naiſſance.

Le grand exemple de deux Conſuls Anglois n'aida pas peu à ces heureuſes converſions. Le premier ſurmonta genereuſement toutes les difficultez qu'il ſentoit à ſe declarer publiquement Catholique, & tint enſuite une conduite ſi ſage & ſi édifiante, qu'il s'attira l'eſtime & la confiance de toute ſa Nation. Il mourut à Smirne, aprés avoir receu tous les Sacremens de l'Egliſe, avec une pieté digne d'un Predeſtiné. Lorſqu'on luy appor-

ta le saint Viatique, il voulut que tous les Marchands
Anglois accompagnassent le
corps du Fils de Dieu ; &
ce qui est admirable, c'est
que ceux qui n'étoient pas
Catholiques, aussi-bien que
ceux qui l'étoient, voulurent
être de la ceremonie, &
marcher tous le flambeau à
la main, avec un respect
& une modestie admira-
ble.

Aprés la sainte mort de
ce Consul, il en vint un autre, qui à l'exemple de son
prédécesseur fit ouvertement
profession de la même Foy.
Son zéle pour le bon parti,

&

& la protection qu'il accor-
da aux Miſſionnaires, furent
la ſource de nouveaux fruits.

Un des principaux fut l'é-
tabliſſement d'une Congregation ſous le titre de l'Im-
maculée Conception de la
Sainte Vierge. Elle ſe trouva
bien-tôt remplie de ſoixante
des plus conſiderez d'entre
tous les Marchands Euro-
péans : il y eut même des
Chrétiens des Iſles de Candie, de Naxie, de Thyne, &
de Syra, qui demanderent à
y être reçûs. Rien n'eſt plus
conſolant que tout ce que
nos Peres plus anciens icy
que nous, nous ont appris

P

de ces premiers Congrega-
nistes. Plusieurs d'entr'eux
faisoient plus de bien dans
la ville que les Missionnaires même. Ils s'informoient
avec soin de la demeure des
personnes affligées pour les
y aller consoler ; ils visitoient
les Pauvres & les malades
pour les assister ; il ne se
passoit presque pas de semaine, qu'ils ne rachetassent
quelques esclaves par des
sommes d'argent assez considerables. Si-tôt qu'ils ap-
prenoient un differend entre
des Chrétiens , ils s'en faisoient les médiateurs : mais
leur zéle ne parut jamais

avec plus d'éclat , que dans le deſſein qu'ils prirent de purger la ville de tous les mauvais Livres , & des Tableaux infames qui deshonoroient ceux qui les gardoient ; on leur en abandonna de bon gré pluſieurs, ils acheterent ceux qu'on refuſa de leur donner , & enfin aprés avoir fait un amas de toutes ces dépoüilles , ils en firent un ſacrifice à Dieu avec tant de joie & de zéle, que pluſieurs d'entr'eux aſſûrérent un de nos Peres qu'ils aimeroient beaucoup mieux manquer à gagner ſix mille écus , que de perdre l'occaſion de faire une pareille œuvre.

Mais rien ne fera mieux connoître la vertu de ces fervens Congreganiſtes, que ce que nous allons dire de trois des plus jeunes d'entre eux. Le premier étoit natif de l'Iſle de Thyne ; il fut enlevé par un Infidéle, & mené à vingt lieuës de la ville dans un Château, où il voulut l'obliger de ſe faire Turc ; n'ayant pû en venir à bout, il luy fit garder ſes troupeaux. Ce jeune homme élevé dans un état bien different, n'eut point de honte de ſe voir réduit à un ſi vil em-

ploy pour une fi belle caufe, il
aima beaucoup mieux gar-
der le troupeau de ce mauvais
maître, que de fortir de celuy de JESUS-CHRIST.

Son pere ne fçachant ce
que fon fils étoit devenu, étoit
inconfolable ; il le chercha
long-temps ; ayant enfin appris ce qui luy étoit arrivé,
il partit auffi tôt pour aller à
fon fecours ; il redemanda
fon fils, mais il ne reçût
que des baftonnades. Il ne
laiffa pas de perfifter dans
fa demande ; on les mit tous
deux en prifon. Alors le pere & le fils dans leurs miferes communes eurent re-

cours à Nôtre-Dame leur bonne mere, & ce ne fut pas en vain ; car lors qu'ils s'y attendoient le moins, ils trouverent une occasion favorable de se sauver ; & pour comble de grace, le pere alors âgé de soixante-trois ans, se sentit assez de force pour marcher jour & nuit, jusqu'à ce qu'ils fussent arrivez à Smirne, où s'étant heureusement rendus, ils vinrent à la Congregation pour y offrir leur action de grace, à celle qu'ils crurent avoir été leur libératrice.

Un autre jeune homme pour quelques interests tem-

porels, ayant été obligé d'aller souvent dans la maison
d'un infidelle, en sortit un
jour comme un autre Joseph.

L'autre Congreganiste é-
toit natif de Chio, âgé de
vingt ans ; il se nommoit
François de Marquis. Etant
venu à Smirne, où il eut le
bonheur d'entrer dans la
Congregation, il se trouva
par hazard en compagnie de
deux Infidéles, qui le voulurent rendre complice d'un crime énorme, mais il leur resista
toûjours avec une générosi-
té, qui fit comprendre à ces
infames, qu'ils n'avoient rien
à esperer de leurs sollicita-

tions ; cette resiſtance les
porta à une ſi grande extremité, qu'ils tirerent leurs poi-
gnards, & l'en percerent de
trois coups. Le jeune homme les reçut avec joie, comme des coups de grace, &
expira dans ſon ſang le neu-
viéme de Decembre de l'année 1657.

La conſolation dont joüiſ-
ſoit le Directeur d'une ſi
ſainte Congregation , nous
donne occaſion de vous parler de celle que reçut pareillement un autre Miſſionnaire dans les ſervices qu'il
rendoit à un grand nombre
de matelots. Lorſque ce Pe-

re commença fa Miffion parmi eux, il trouva des hommes qui étoient à la verité
Chrétiens pour la plûpart,
mais fans fçavoir qu'ils le
fuffent, & fans avoir même
jamais penfé à leur Religion.
Quelques-uns ne s'étoient jamais confeffez, & d'autres
ne l'avoient pas fait depuis
vingt & trente ans. Aprés
quelques inftructions ils con-
nurent enfin ce qu'ils é-
toient ; on les retira infenfi-
blement du vice ; plufieurs
fe confefferent, & excite-
rent enfuite leurs compa-
gnons à en faire autant. Il
y en eut même quelques-

uns parmi eux qui ſe diſtin-
guerent par une piété & une
vertu d'autant plus ſurpre-
nante, qu'on ne la devoit
pas eſperer de gens ſi groſ-
ſiers. Mais Dieu prend plai-
ſir à faire voir qu'il choiſit
quand il luy plaît, ce qui
eſt de plus vil en apparence,
pour confondre ce qui eſt
de plus grand aux yeux des
hommes.

On voyoit quelques-uns
de ces pauvres matelots,
comme nous en voyons en-
core aujourd'huy pluſieurs,
jeûner tous les Mardis &
Vendredis avec une ſévéri-
té ſcrupuleuſe. Ils auroient

mieux aimé perdre un gain confiderable, que de ne pas entendre la Meſſe, ſur tout les jours qu'ils alloient en mer. A leur retour ils ne manquoient pas d'aller faire leur Priere à l'Egliſe avec une ferveur, qui étoit une preuve de leur foy.

Un d'eux fit une action, il y a quelque temps, qui toute petite qu'elle paroiſſe, mérite que nous en parlions icy. Un matelot ayant trouvé dans la ruë un Crucifix de papier, qu'on avoit jetté par la fenêtre de la chambre d'un Armenien, qui venoit de mourir de peſte, il le ra-

massa avec respect, & ayant
été averti qu'il venoit d'un
Pestiferé, bien loin d'en a-
voir horreur, comme on en
a icy de tout ce qui est dans
la maison de ceux qui meu-
rent de cette contagieuse maladie. Je ne souffriray pas,
répondit-il, en baisant humblement cette image, que le
portrait de mon Redempteur
soit foulé aux pieds des pas-
sans.

C'est ainsi, Messei-
gneurs, que les benedic-
ctions du Ciel n'ont point point
cessé de couler en abondance sur la Mission de Smirne,
& sur les Missionnaires jus-

qu'en l'année 1688. qu'un é-
trange accident ruina prefque toute la Ville, & penſa
perdre nôtre Miſſion.

Ce fut le 10. de Juillet de
cette année, qu'entre onze
heures & midi, arriva à Smirne ce grand tremblement de
terre, qui fit icy un ſi ef-
froyable deſordre. En moins
de vingt-quatre heures la terre s'entr'ouvrit juſqu'à huit
fois, & engloutit plus des
deux tiers de la Ville. Quelques heures aprés on vit des
tourbillons de feu s'échapper
par des crevaſſes de la terre;
un gros vent qui s'éleva pour-
lors, les porta de tous les

côtez, & alluma un affreux incendie, qui acheva de con-sommer les restes des rui-nes. Vingt mille hommes au moins périrent, soit par le feu, soit par le bouleverse-ment des maisons: la nôtre avec nôtre petite chapelle fut du nombre de celles dont il ne parut plus aucun vesti-ge. Nous fumes cependant assez heureux pour enlever le saint Ciboire, nôtre Su-perieur courut au Taberna-cle malgré le péril évident de sa vie, & il porta les sain-tes Hosties sur le bord d'un Capitaine Marseillois, qui é-toit au Port.

Nous perdîmes tout le re-
ſte de nos petits meubles ;
mais dans cette perte com-
mune, ce qui nous fut de
plus ſenſible fut de nous
voir preſque ſans eſperance
de pouvoir rétablir nôtre
Miſſion ; car la politique des
Turcs ne ſouffre point de rétabliſſement des Egliſes dé-
truites, croyant par-là ſaper
les fondemens de la Reli-
gion Chrêtienne : mais la
Providence qui veilloit ſur
nous ne nous affligea, ce
ſemble, alors que pour ré-
parer aujourd'huy nos pertes
avec uſurc. Monſieur Girardin qui étoit nôtre Ambaſ-

fadeur, ayant appris le malheur de cette Ville, y envoya inceſſament Monſieur
Blondel ſon Chancelier a-
vec des Patentes du Conſu-
lat. Ce nouveau Conſul donna dans cette occaſion de
grandes preuves de ſon merite, & de ſon habileté : car
il ſceut ſi-bien gagner la
confiance de toutes les Nations, que malgré les pertes
qui les avoient découragez,
il leur fit prendre la réſolution de rendre leur commerce plus floriſſant que jamais.

Il n'attendoit plus que les
ordres de Monſieur l'Am-
baſſadeur

baſſadeur, pour travailler au
rétabliſſement de nôtre Chapelle. Ce fut icy où nous
conneûmes parfaitement le
credit des Ambaſſadeurs de
France en cette Cour. Monſieur Girardin n'eut pas pluſtoſt demandé de la part du
Roy ſon Maître un Com-
mandement pour nous rebâ-
tir, non pas une Chapelle,
mais une Egliſe entiére, qu'il
l'obtint & l'envoya en dili-
gence à ſon Chancelier nôtre Conſul. Si-tôt qu'il l'eut
receu, il fit jetter les fondemens de la nouvelle Egliſe;
& ſa generoſité luy fit trouver dans ces propres deniers

Q

les avances necessaires.

Permettez, s'il vous plaît MESSEIGNEURS, que nous donnions icy à nos bienfacteurs une marque de nôtre reconnoissance, en vous rendant compte de ce qu'ils ont fait pour nous.

Messieurs de la Chambre Royale du commerce de Marseille ne furent pas plustost informez de nos pertes, qu'ils s'assemblerent pour pourvoir aux besoins de la Religion & aux nôtres. Ils résolurent de nous faire rebâtir une Eglise à leurs frais, & pour cela ils ordonnerent des levées sur tous les Vaisseaux François qui chargeroient à l'échelle de Smirne.

Les fonds ayant été faits, Monsieur le Consul hâta si fort le travail des Ouvriers, qu'en moins de deux ans l'Eglise fut achevée. L'ouverture s'en fit le 3. de Decembre, Fête de saint François Xavier. Messieurs du Commerce souhaitterent qu'elle fût mise sous la protection de saint Loüis, & elle fut la premiere de l'Asie, qui porta le nom de ce grand Saint, Patron de plusieurs de nos Rois. La ceremonie en fut faite par Monseigneur le Vi-

Q ij

caire Apoſtolique en preſence de l'Archevêque des Armeniens, & de pluſieurs autres Prelats. Monſieur le
Conſul y aſſiſta à la tête de
la Nation, tout ce qu'il y a-
voit de Grecs & d'Arme-
niens à Smirne y vinrent
donner des marques de leur
pieté. La journée ſe paſſa
dans tous les exercices de
Religion les plus propres à
donner aux Fidelles de la ferveur dans leur devotion. On
y prêcha en trois Langues
differentes. La grand'Meſſe, & les Veſpres furent
chantez ſolemnellement par
le Vicaire Apoſtolique. La

benediction du saint Sacrement fut suivie d'une déchar-
ge generale de tous les ca-
nons, qui étoient sur les Vaif-
seaux François ; pendant
qu'on entendoit de tous côtez, les cris de vive le Roy.
Mais ce qui nous parut de
plus remarquable, c'est que
tout cet éclat qu'on doit éviter en ce pays-cy, bien loin
de choquer personne, édifia
ceux qu'on auroit crû y devoir trouver à redire : plusieurs de ce nombre furent
presens à nos cérémonies a-
vec beaucoup de respect. On
dit même que quelques-uns
d'eux charmez de la pieté

des fidelles s'écrierent en leurs langues : ô que les Chrétiens ont de foy! ce qui est trés-constant, c'est que ce jour fut pour eux aussi bien que pour nous, un jour de joye & de réjoüissan-ce.

Nôtre Eglise depuis ce temps-là a toûjours été trés-frequentée ; on y voit quantité de Communians à toutes les Messes ; il y en auroit même davantage, si nous étions un plus grand nombre de Confesseurs.

Les Dimanches nous af-semblons dans nôtre cour les pauvres de la Ville ; nous leurs faisons le Catechisme, & nous leur distribuons ensuite une aumône.

L'Ecole se tient tous les jours matin & soir. Nous admirasmes il y a quelque temps le courage d'un petit orphelin âgé de six à sept ans : ses parens l'étant venu prendre pour le mener au Prêche, ils luy firent toutes les violences qu'on peut faire à un enfant de cet âge, jusqu'à le maltraiter avec excés, l'enfant tint toujours ferme, & leur dit qu'ils le tuëroient plûtôt que de le mener prier Dieu ailleurs que dans l'Eglise des Missionnaires.

Nous continuons nôtre Mission sur les Vaisseaux François, Venitiens, Genois, & Ragusois qui sont au Port. On n'oublie pas celle des Prisons & des Hospitaux, non plus que les visites des familles Chrétiennes. Dans tous ces differens emplois les Missionnaires trouvent de grands sujets de loüer Dieu & de le benir.

Deux Ministres & trois Marchands, tous cinq Hollandois, furent si touchez il y a quelque temps du Sermon d'un de nos Missionnaires, qu'ils vinrent ensuite nous prier de les instruire

&

& de recevoir leur Abjuration. Nous avons auſſi reçû
celle d'une femme Hollan-
doiſe, & cette femme devenuë fidelle a ſanctifié ſon
mary, ſelon le précepte de S.
Paul.

Un François faiſant icy
l'office de Canonier, & ayant
été ſi malheureux que d'ab-
jurer ſa Religion pour éviter
les coups dont on l'accabloit,
eſt venu chez nous fondant
en larmes; & aprés s'être pré-
paré par une auſtere penitence à recevoir l'abſolution
de ſon crime, un de ſes parens
l'a remené dans ſon pays.
Une femme native de Ne-

grepont, qui avoit épousé un homme d'une Religion bien contraire à la nôtre, a reçû le Baptême, & a demandé le nom de Marie. Dieu a fait la même grace à plusieurs autres.

Les Matelots dont nous avons parlé ont tant de zele pour leurs compagnons, que si-tôt qu'ils en trouvent quelques-uns, qui sont dans l'erreur & dans le vice, ils ne manquent jamais, ou de nous l'amener, ou de nous en avertir. Deux Esclaves Polonois ont fait depuis peu leur abjuration entre nos mains.

On a tout sujet d'être content des Grecs & des Armeniens de cette Ville. Le nombre des Catholiques s'augmente parmi eux : ils vivent avec édification, & souffrent avec patience les avanies que leur Religion leur attire. Plusieurs d'entr'eux sont toujours prests à la deffendre au péril même de leur vie. Nous avons vû depuis peu un Grec assez heureux pour la donner : il est vray que sa fin glorieuse avoit été precedée d'une faute considerable.

Il étoit âgé de quarante ans, natif d'une petite Ville prés d'Athenes dans la Morée. Il se nommoit Antoine Talandi. S'étant trouvé un jour avec quelques Turcs ses camarades, il leur dit dans la chaleur du vin qu'il étoit Turc. Sur cette seule parole on le mena promptement chez le Cadis. L'état où étoit nôtre Grec, luy fit repeter tout ce qu'on voulut. Il reçût en même temps six écus pour le prix de son Apostasie. Mais la nuit luy ayant rendu ce que le vin luy avoit fait perdre, il reconnut sa faute, & la pleurant amerement, il la confessa à un Prêtre, qui l'obligea de se dédire en public. Il obéit sans

il hesiter, quoy qu'il sçût bien
que cet aveu luy coûteroit la
vie. On le mit en prison, où
il souffrit la bastonnade, &
la faim. Un Papas obtint a-
vec un present la permission
de le visiter ; il trouva même
le moyen de le communier
en secret. Le prisonnier a-
prés avoir mangé le pain des
forts, attendit avec une sainte impatience, qu'on vînt luy
annoncer la mort. Il écouta
sa sentence avec une joye qui
étoit peinte sur son visage, &
qui parut toujours la même
jusqu'au dernier soupir de sa
vie. Dans le moment qu'on
luy tranchoit la tête, on l'en-

tendit prononcer les saints Noms de JESUS & de MA-RIE.

Nous sommes encore as-sez souvent témoins de plu-sieurs autres actions de nos Catholiques, qui pour être moins éclatantes devant les hommes, ne font pas moins d'honneur à la Reli-gion, & sont aussi meritoi-res devant Dieu. Celles de nos Congreganistes sont de ce nombre. Le temps qui ralentit quelquefois la fer-veur de toutes les assemblées de pieté, n'a rien encore di-minué de la leur. Nous les voyons aussi charitables &

auſſi zelez pour les bonnes œuvres, qu'ils ayent jamais été ; ils délivrent quantité d'Eſclaves ; ils aſſiſtent les malades ; ils font la guerre à tout ce qui peut corrompre les mœurs de la jeuneſſe ; & nous les trouvons toûjours preſts à entrer dans tout ce que nous propoſons pour la gloire de Dieu. La confiance qu'ils ont en Nôtre-Dame , fait qu'ils mettent tous leurs Vaiſſeaux ſous ſa protection, & en experimentent ſouvent de prompts ſecours dans les dangers continuels, où leurs Marchandiſes ſont expoſées.

R iiij

Mais nous ne pouvons parler icy de cette fervente Congregation, fans penfer à la
perte qu'elle vient de faire
d'un de fes plus illuftres fujets. La mort vient de luy
enlever Monfieur Drians âgé feulement d'environ trente ans. Les fervices de Monfieur fon pere dans le Confulat de Smirne, qu'il a exercé pendant plufieurs années,
avoient porté le Roy à faire
fucceder le fils au pere dans
l'employ de Conful. A peine
en avoit-il reçû les Patentes,
qu'il a plu à Dieu de l'appeller à luy. C'étoit un jeune homme fage, habile &

appliqué. Il eſt icy regreté
de tout le monde & particuliérement des Miſſionnaires,
qui le regardoient comme
un des appuis de la Religion.
Il eſt mort aprés avoir donné commencement à une
bonne œuvre, qui ſera la
ſource, comme nous l'eſperons, d'un trés-grand bien
pour la Nation.

Dix des plus conſiderables
de la Congregation, dont il
voulut être du nombre, firent
pendant la Semaine ſainte de
l'année derniere la retraite
de huit jours, avec toute l'e-
xactitude & la regularité,
qu'on obſerve dans celles de

nôtre Noviciat de Paris, & de plusieurs autres de nos Maisons. La satisfaction que ces Messieurs en ont euë, & le profit qu'ils en ont tiré, ont fait naître à plusieurs l'envie de faire une pareille retraite. Nous tâcherons d'entretenir un si saint exercice, que l'experience a fait voir être un des plus propres à operer la sanctification des ames.

Nous avons encore donné icy commencement à un autre établissement d'une grande importance, pour détruire peu à peu le Schisme si enraciné dans l'Orient, & pour ramener tant de brebis

égarées au commun Pasteur
de l'Eglise. C'est l'établissement d'un Seminaire, dont
le projet a été formé à Paris
depuis deux ans, & qui est destiné non seulement pour former nos nouveaux Mission-
naires à la vie Apostolique,
& pour leur donner le temps
d'apprendre les langues & les
dogmes des Orientaux ; mais
encore pour y élever des enfans choisis dans les differentes Nations du Levant,
& les instruire pour être un
jour en état de remplir les
dignitez Ecclesiastiques, &
d'en chasser le Schisme qui
s'en est emparé.

Nous avons presentement six jeunes Seminaristes dans nôtre Maison, qui ont beaucoup profité de nos soins, & qui nous donnent de grandes esperances. Le peu de charités que nous recevons presentement de France, nous empêche d'en avoir un plus grand nombre : nous attendons méme que la Providence nous envoye ce qui nous est necessaire pour l'entretien de ceux que nous instruisons.

Le bâtiment nous manquoit pour loger les Seminaristes & les Missionnaires. Nous avons encore trouvé dans les liberalitez de Meſſieurs du Commerce de Marſeille, de quoy reparer ce que le tremblement de terre, nous avoit fait perdre. Monſieur Lebret premier Preſident du Parlement d'Aix, & Intendant de la Province, qui a autant de zéle pour la Religion, qu'il en a pour les intereſts du Roy, repreſenta à ces Meſſieurs que nous étions ſans Maiſon. Bien-tôt aprés leur Chambre étant aſſemblée, ils nous deſtinerent avec beaucoup de bonté une ſomme conſiderable, pour nous aider à faire un Bâtiment conforme à nôtre deſſein du

Seminaire. Lorſqu'il ſera a-
chevé nous aurons de quoy
loger pluſieurs Miſſionnaires
& pluſieurs Seminariſtes; &
cette Miſſion aura l'avanta-
ge de fournir des Ouvriers
Evangeliques à toutes les
Provinces d'Orient, & de
leur donner un jour des Prelats pour les gouverner.

Nous eſperons, MES-
SEIGNEURS, que ce nou-
vel établiſſement meritera
vôtre approbation. Les avantages que vous retirez de
vos Seminaires pour l'avan-
cement de la gloire de Dieu
dans vos Diocéſes, vous fera juger de l'utilité de celuy-

cy pour toute l'Eglise d'O-
rient.

C'est ce qui nous fait vous
supplier trés-humblement de
le mettre sous vôtre protection. Si nous osions même
solliciter vos liberalitez dans
un temps, où vous faites un
si bon usage du Patrimoine
de Jesus-Christ, pour
attirer sur la France les benedictions de Dieu, nous le
ferions en faveur de ce Seminaire naissant, qui est le
plus efficace de tous les
moyens que l'Eglise d'Oc-
cident puisse employer,
pour le salut de celle d'O-
rient.

Voilà, MESSEIGNEURS, l'état de la Mission de Smirne, & les biens qui s'y sont faits. Il nous reste à vous parler de celles de l'Archipel.

MISSIONS

MISSIONS
DANS
LES ISLES DE L'ARCHIPEL.

LEs Isles de l'Archipel ouvrent une grande Carriere au zéle des Mission-naires. Elles sont presque toutes Chrêtiennes ; peu de Turcs s'y sont établis ; le Grand Seigneur y envoye de temps en temps un Bacha pour y recueillir le tribut qu'elles luy doivent. Les Chrêtiens qui les habitent sont pour la pluspart du Rit

S

Grec, & y font aussi atta-
chez qu'aux veritez de l'E-
vangile.

Ils ont un pareil attache-
ment pour toutes leurs erreurs. Nous en avons comp-
té autrefois jusqu'à 46. Ce
nombre est aujourd'huy di-
minué, & il diminueroit encore, si nous pouvions entretenir dans ces Isles un plus
grand nombre de Mission-
naires. Il y a des biens im-
menses à y faire. Les Peuples
y sont d'un naturel trés-doux;
la liberté de les instruire a
été jusqu'à present aussi grande qu'on la peut souhaitter:
ils recherchent les Ouvriers

de l'Evangile avec empreffement, & ils les reçoivent
avec joye. Un des premiers
établiffemens que les Miffionnaires ayent fait dans
ces Ifles, fut dans celle de
Chio.

CEtte Ifle eft une des plus
confiderables de l'Ar-
chipel, on y compte jufqu'à
quatre-vingts mille ames ,
dont il y en a dans la ville
environ quarante mille. Les
Chrétiens du Rit Latin o-
béïffent à un Evêque du
même Rit , quoique Grec
de nation. Le nombre des
Schifmatiques eft beaucoup

plus grand : ils ont leur Archevêque qui les gouverne.

Il n'y a point de païs dans tous les Etats du Grand Seigneur, où l'on ait eû jusqu'à present plus de liberté que dans cette Isle, pour exercer les fonctions de la Religion Chrétienne.

Les Chrétiens de l'un & de l'autre Rit ont dans Chio plusieurs Eglises, où l'Office divin se fait avec beaucoup de régularité & de devotion. Nous y avons un College, où il y a environ trois cent Ecoliers qu'on éleve dans l'étude des belles Lettres, & dans la vertu. On instruit

outre cela quantité de jeunes Ecclefiaftiques , & on
les prepare à recevoir les Ordres facrez. Il y a dans nôtre Maifon quatre Congre-
gations toutes auffi belles &
auffi bien ornées , qu'elles le
pourroient eftre en France.
Elles font partagées felon
les âges des Congreganiftes,
& non pas felon leur qualité. Il y en a une pour les
vieillards , la feconde eft
pour les perfonnes mariées ,
la troifiéme eft pour les jeunes gens, qui font au deffus
de quinze ans , & la quatriéme eft pour ceux qui font
au deffous. Le nombre de

ces Congreganistes se mon-
te environ à quatre cent.
C'est un spectacle bien édi-
fiant de voir tous ces vieillards, marcher deux à deux
dans les ruës, accompa-
gnant, le cierge à la main,
le tres-saint Sacrement de
l'Autel, avec une modestie
Angelique : étant précedez
des autres Congreganistes,
qui marchent selon leur âge,
dont plusieurs portent sur
des brancars ornez les prétieuses Reliques de quelques
Martyrs, qui ont autrefois
versé leur sang pour planter
dans l'Orient & dans leur
Patrie même la Foy de Jesus-
Christ.

Nôtre Eglise est fort belle. Le Roy de Pologne y a
fait un present digne d'un
aussi grand Prince. C'est un
Soleil dont les ornemens qui
le soûtiennent, & qui l'en-
vironnent de tous côtez, s'é-
levent à la hauteur de six
pieds, le tout d'argent mas-
sif tres-délicatement travaillé. La Maison entretient dix
ou douze Jesuites. Tous sont
natifs de l'Isle même, d'où
la Province de Sicile tire
continuellement de tres-bons
sujets. C'est parmi eux qu'on
choisit les Confesseurs de la
Langue Grecque, qui sont
à la Penitencerie de saint

Pierre de Rome , & à cel-
le de Nôtre - Dame de Lo-
rette.

A un mille de la Ville on
voit l'Eglise de saint Isidore,
Patron de l'Isle. Elle est continuellement frequentée par
les Sciotes, qui ont pour ce
grand Saint une vénération
particuliere. Son corps est
conservé dans un petit ca-
veau ménagé dans l'épais-
seur de la muraille. Ce qui
est de plus rare dans cette
Eglise, est une colonne de
vray porphyre, qui a huit
pieds de hauteur. Les Grecs
qui craignent qu'on ne l'en-
leve, l'ont couverte de chaux

pour

pour la déguiſer.

Devant que de paſſer à une autre Miſſion de l'Archi- pel; il ne faut pas oublier de rapporter icy une grace qu'il plut à Dieu d'accorder il y a quelques années aux Catho- liques Sciotes , & qui fit beaucoup d'honneur à la Re- ligion.

L'Iſle de Chio étant affli- gée d'une ſechereſſe qui gaſ- toit tous les biens de la ter- re ; les Turcs qui y ſont en petit nombre , firent leurs prieres publiques juſqu'à trois & quatre fois, toujours inu- tilement. Les Schiſmatiques firent une Proceſſion gene-

rale ſans que le Ciel donnât
une goutte d'eau ſur la terre. La ſechereſſe augmentant
tous les jours, ils prierent les
Catholiques de faire leur
Proceſſion , elle ſe fit avec
tout l'appareil & toute la pieté poſſible.

Nos quatre cent Congre-
ganiſtes y aſſiſterent. Les officiers des Congregations
portoient une image de ſainte Marie, qui leur a eſté donnée par le Pere Paul Oli-
va General de nôtre Compagnie. A peine la Proceſſion
finit-elle, que la pluye tomba en abondance, & donna
une des plus fertiles années

qu'on ait jamais eû dans cette Isle. Cet heureux succés
des prieres des Catholiques
augmenta le respect qu'on
avoit pour eux. Plusieurs
Schismatiques en furent si
touchez, qu'ils ne voulurent
plus être d'une autre Religion que de celle qui venoit
de faire voir son credit auprés de Dieu. Les Turcs
même ne pûrent s'empê-
cher de louer tout haut la
puissance du Dieu des Chrétiens.

L E s fruits que ces Pe-
res faisoient dans l'Isle
dont nous venons de parler,

MISSION
DE
THYNE.

T ij

& dans les autres Isles voisines, inspirerent à l'Evêque de Thyne visiteur de la Mer Egée, le desir de demander des Missionnaires.

Le premier qui se sentit appellé de Dieu pour y aller fut le Pere Michel Albertin natif de cette Isle. Si-tôt qu'il eût reçû la lettre de son Evêque, il quitta la Mission, où il étoit utilement occupé, & vint au secours de sa Patrie. Il y trouva tant de bien à faire, qu'il fut obligé de demander des compagnons au Superieur general de Grece. Quoique le Superieur n'eut aucun ouvrier de trop, il ne laiffa pas d'en donner un qui arriva à Thyne en l'année 1677. Il fut reçû avec une joye extrême du Pere Albertin qui l'attendoit avec impatience.

Le nouveau Miffionnaire n'eût pas moins de confolation de trouver pour fon affocié dans cette vigne du Seigneur un venerable Vieillard d'une vertu éminente, vivant dans une fi étroite pauvreté, qu'ayant refufé de loger chez fes parens les plus riches de l'Ifle, il n'avoit voulu prendre pour fa demeure qu'une pauvre Cabane, & pour fa nourriture que

des légumes. Ces deux Pe-
res partagerent entr'eux les
travaux de la Mission. Ils
allerent de Village en Village, exhortant, & instruisant
tous les Chrétiens, qui sont
au nombre de quinze mille
sous la conduite d'un seul
Evêque.

Quelques années aprés la
République de Venise ap-
prenant les succez des deux
Missionnaires, y en envoya
encore deux autres. Ce nouveau secours causa d'autant
plus de joye à ces insulaires, qu'ils cherchoient les
moyens d'établir chez eux
une Mission fixe pour y con-

ſerver les Peres, en qui ils commençoient à avoir déja beaucoup de confiance. L'E-vêque voulut qu'un des qua-tre s'appliquât uniquement à l'inſtruction de ſon Cler-gé, qui en avoit grand be-ſoin. Il l'aſſembloit regulie-rement deux fois la ſemaine dans ſa Cathedrale. Tous les Curez des Villages de l'iſ-le s'y trouvoient : l'aſſem-blée étoit d'environ 80. Ec-cleſiaſtiques ; l'Evêque étoit à la tête. Le Miſſionnaire leur faiſoit des Conferences ſur les devoirs de leur état, & ſur les cas de conſcience. Ces Conferences leur donne-

rent le goust de l'étude , &
en même temps celuy de la
pieté & de la regularité.

Le Pere les trouvant si
bien disposez, crût qu'une
retraite de sept ou huit jours
contribueroit à les affermir
dans le bien. Il la propo-
sa à quelques-uns des plus
considerables du Clergé, qui
la firent avec tant de consolation , qu'ils exhorterent
leurs Confreres à en faire u-
ne pareille. Toute l'Isle en
profita ; car les Curez qui
en sortirent mieux instruits
de leurs devoirs, & bien re-
solus de les remplir, travaillerent de concert avec les

Miſſionnaires pour reformer les mœurs de leurs Paroiſſiens.

On voyoit déja de grands changemens parmi eux ; lors qu'un des derniers Jubilez accordé par nôtre S. Pere le Pape acheva de répandre par tout la ferveur. Les Miſſionnaires & les autres Eccleſiaſtiques paſſoient preſque les jours & les nuits à entendre des Confeſſions , dont pluſieurs accompagnées de gemiſſemens, étoient des preuves finceres de la converſion de ceux qui les faiſoient. On voyoit de tous côtez des troupes de penitens qui alloient

d'Eglise en Eglise psalmo-
diant d'un ton lugubre , &
déchirant leurs corps à coups
de discipline.

Le plus surprenant de tous
les changemens fut celuy qui
arriva dans une partie de
l'Isle de Thyne , la plus éloignée de la Forteresse , & la
plus voisine d'Andros. Elle
se nomme Ozomeria. Les
Habitans y vivoient plûtôt
en brigans qu'en Chrêtiens.
On ne parloit tous les jours
que de leurs vols, de leurs
meurtres, & de leurs autres
crimes. Un d'eux s'étoit engagé pour deux piastres de
tuer leur Evêque. Un des

Miſſionnaires fut prié d'y aller, il trouva des hommes
qui marchoient toûjours le
poignard en main. Il crût
que pour s'inſinuer d'abord
dans leurs eſprits, il devoit
commencer par faire le Catechiſme à leurs enfans, &
par diſtribuer quelques remedes aux malades.

Ces actions de charité luy
donnerent accez dans les
maiſons. Peu à peu ces hommes barbares ſe familiariſe-
rent avec luy ; ils luy me-
noient leurs enfans & l'invi-
toient à venir chez eux. Le
Miſſionnaire y alloit, & leur
faiſoit des inſtructions par-

ticulieres : bien-tôt aprés il leur en fit de publiques dans l'Eglise. Ils y vinrent , & Dieu qui s'est engagé à parler par la bouche de ses Ministres, toucha si fort leurs cœurs, que ces Peuples devinrent doux & traitables , & changerent enfin leur vie criminelle , en une vie trés-Chrêtienne. Lorsque le Pere eût achevé sa Mission, il en sortit avec le regret des grands & des petits. Tous luy donnerent mille benedictions, & ils le reconduisirent en grand nombre, l'asseûrant qu'ils pratiqueroient ce qu'il leur avoit enseigné,

& le conjurerent de reve-
nir bien-tôt pour en être témoin.

L'Ifle de Thyne ayant été
ainfi toute renouvellée par
les foins des Miffionnaires,
l'Evêque les pria de parcou-
rir les Ifles de Thermia, de
Zia, de Micono, d'Andros &
de Milo. Il voulut qu'un d'eux
y allât en qualité de fon grand
Vicaire, & il luy mit entre les
mains un Bref du Pape; par
lequel le Pere avoit le pouvoir de relever des cenfures
Ecclefiaftiques un Evêque,
quelques Prêtres, & des
Clercs, qui y étoient tombez.

Les autres Missionnaires
eurent dans leurs courses particulieres de ces Isles , tout
le succés qu'ils pouvoient esperer ; & c'est aussi pour y
entretenir les fruits qu'ils y
ont faits, que nous continuons
autant que nôtre petit nombre le permet, d'aller tous les
ans les visiter.

Mais pour nous acquiter
plus facilement de toutes ces
courses Evangeliques , nous
avions besoin d'avoir deux
Missions fixes dans l'Archipel. Les Isles de Naxie & de
Sant-eriny ont été jugées les
plus propres pour cet établissement.

LA Miſſion de Naxie commença en 1627. L'Archevêque nous invita d'y venir, & nous offrit la Chapelle, qui ſervoit anciennement aux Ducs de cette Iſle. Coronello qui y fut le premier Conſul de la Nation, nous donna ſa maiſon voiſine de la Chapelle. Le P. Mathieu Hardy Pariſien fut prendre poſſeſſion de l'un & de l'autre.

MISSION DE NAXIE.

Cet Iſle eſt aſſez belle & trés-fertile, elle n'eſt habitée que par les Grecs, qui payent le tribut aux Venitiens, & au Grand-Seigneur. Ce tribut

payé ils sont à couvert des
Pirateries des uns & des autres , & les Missionnaires
joüissent de toute la liberté
possible d'y exercer leur Ministére.

Les premiers qui vinrent
dans cette Isle y trouverent
quantité   de   superstitions
payennes, qu'ils eurent toutes les peines du monde à
abolir. Celle qui paroissoit la
plus facile à détruire se main-
tint le plus long-temps. Une
femme qui avoit perdu son
mary , ou une mere qui avoit
perdu sa fille , assistoient à
leurs funerailles, comme des
desesperez , ou plûtôt comme

me des furies, s'arrachant les
cheveux, se battant la poitrine, déchirant leurs habits,
& hurlant d'une maniére é-
pouvantable ; mêlant avec
leurs cris des blasphémes contre les ordres de la Providence. La Cérémonie achevée
elles s'enfermoient six mois,
ou un an durant dans leurs
maisons sans en vouloir sortir, non pas même pour aller
à la Messe, & à l'Office divin aux jours les plus solem-
nels de l'année. De plus elles n'osoient changer d'habit que le leur ne fût tout
usé sur leurs corps. Ce qui est
étonnant, c'est que toute ex-

V

travagante qu'étoit cette coûtume, les femmes les plus diftinguées de l'Ifle ne s'en difpenfoient pas.

L'ignorance n'y étoit pas moins grande que la fuperftition. On n'en étoit plus furpris ; lorfqu'on voyoit celle des perfonnes qui devoient les inftruire : mais ce qui étoit encore deplus fâcheux, c'eft que les mœurs de ces derrs étoient trés-fufpectes. Il eft certain du moins qu'ils vivoient dans une grande faineantife, & dans une grande molefle, difant trés-rarement la fainte Mefle, & s'acquittant aufli mal de leurs au-

tres devoirs. Les Millionnai-
res qui fçavoient par experience que la reforme des
Peuples dépend de celle de
leurs Pafteurs , s'applique-
rent d'abord à l'inftruction
de ceux-cy. Si-tôt qu'ils furent inftruits , ils travaillerent tous enfemble de concert à celle des Peuples , &
avec tant de fruit , qu'il ne
refte aujourd'huy aucune des
fuperftitions anciennes. La
pureté des mœurs eft icy plus
grande que dans aucune Ifle
de l'Archipel. Le Clergé y eft
trés-reglé. Un des Curez de
cette Ville nous a donné un
exemple de vertu , qui ne

doit pas être oublié. Aprés avoir partagé pendant sa vie, comme un bon Pasteur tout son petit bien avec les pauvres de sa Paroisse, il leur en distribua le reste dans une maladie, dont il croyoit mourir. Dieu luy ayant rendu la santé, il se trouva plus pauvre que les pauvres mêmes, à qui il avoit donné tout ce qu'il avoit; & il vêcut cependant aussi content dans sa pauvreté, que d'autres auroient fait dans leurs richesses.

Il y a icy un nombreux Chapitre, qui est aujourd'huy le seul qui subsiste dans l'Em-

pire du Turc. Il eſt compo-
ſé d'un Archevêque , d'un
Doyen, d'un Prevoſt, d'un
Chantre , d'un Treſorier &
de pluſieurs Chanoines &
Chapelains.

Il y a dans nôtre Egliſe
une Confrairie de Penitens,
qui a quatre cents ans d'an-
cienneté les plus conſiderables du Rit Grec & Latin
ſont de ce nombre. Tous vivent dans la pratique de la
charité & de l'auſterité de
l'Evangile. Ils vont au ſervice des pauvres & des malades, ils frequentent trés-ſou-
vent les Sacremens dans nôtre Chapelle, où ils recitent

l'Office Divin Fêtes & Dimanches. Ils assistent à des Conferences spirituelles que nous leur faisons ; ils marchent dans les cérémonies publiques nuds pieds & revêtus d'un sac.

Outre cette Confrairie nous avons dans nôtre maison une Congregation de Nôtre Dame , dont les Congreganistes contribuent beaucoup à maintenir la pieté dans cette Isle. On en connoît quelques-uns , qui jeûnent au pain & à l'eau tous les Samedis , & toutes les Veilles des Fêtes de la sainte Vierge.

Pour faire un bien folide parmy les Grecs de cette Ifle, on éleve leurs enfans avec beaucoup de foin. Quelques-uns parmy eux font fi zélez, & fi inftruits, que nous les avons vû fouvent difputer avec des Schifmatiques, qui avoient de la peine à leur répondre, & qui en étoient fouvent confondus. Par le moyen de ces enfans nous avons reconcilié à l'Eglife Romaine plufieurs de leurs parens, & des familles entiéres.

On a dans cette Ifle une devotion toute particuliére au faint Sacrement de l'Autel. Lorſqu'on le porte en Proceſſion, les Chrêtiens expoſent leurs malades dans les ruës, où il doit paſſer, & celuy, qui en parcourant autrefois la Judée, guériſſoit ceux qui ſe preſentoient devant luy, rend encore aſſez ſouvent à nos malades la ſanté qu'ils luy demandent en paſſant.

Cette Iſle a pris ſaint François Xavier pour ſon Patron. Nos Habitans luy ont fait bâtir une Chapelle, qui eſt continuellement frequentée des Grecs & des Latins. Ils y ont recours dans toutes leurs neceſſitez, & ce grand Saint

Saint employe souvent son crédit auprés de Dieu en leur faveur. Il n'y a pas bien long-temps qu'une Dame Grec-que du Rit Latin, nommée Catherine Storza, se voyant malade à l'extremité, de-manda en grace, qu'avant que de mourir, on luy ap-portast une image du Saint. Lors qu'elle l'eût entre les mains, elle le baisa avec beaucoup de respect & de confiance. A peine eut-elle achevé une courte Priere, qu'elle se trouva guerie, a-vec l'étonnement & l'admi-ration de sa Famille & des Medecins, qui en furent té-

X

moins. Quelque temps aprés
cette Dame vint faire ſes devotions dans la Chapelle de
S. Xavier, & luy rendre grace
comme à ſon Bienfacteur.

Les conſolations dont
nos Miſſionnaires ont joüi
dans cette fervente Miſ_
ſion, n'ont pas toûjours été
ſans croix. Le Pere d'Autri,
avec ſon Compagnon, fut
pris & mis à la chaîne, dans
une irruption des Infidelles.
Il demeura ſix mois en ga-
lere, pendant leſquels il inſtruiſoit & confeſſoit les eſclaves. Il fut racheté par des
Marchands de Chio ; mais
quatre mois aprés il mourut,

des fatigues de sa captivité.
Un autre Missionnaire re-
ceût plusieurs coups de bâton d'un Schismatique irrité contre luy de ce qu'il a-
voit converti une femme que
ce malheureux aimoit. Nous
ne parlons point des autres
insultes que nous avons eû à
souffrir pour les interests de
la Religion : mais nous pouvons dire que les souffran-
ces nous sont avantageuses ;
car elles purifient nôtre zele, & redoublent nôtre ferveur. Aprés avoir employé
l'un & l'autre dans l'Isle de
Naxie, nous visitons les Isles
voisines.

X ij

L'Archevêque de Naxie nous envoya en 1641. dans l'Isle de Paros. Il obligea le Pere Jacques d'Anjou de prendre la qualité de son Vicaire General, & luy donna l'administration de l'Eglise de S. George. Nous y trouvâmes quinze ou seize mille Chrétiens distribuez dans trois villes, & dans plusieurs villages presque tous du Rit Grec. Quelques remedes que nous avions portez avec nous, & dont nous nous servîmes trés-heureusement, nous gagnerent en peu de temps l'amitié de ces Insulaires. La guérison d'un Artisan nous fit entr'autres beaucoup d'honneur. Une épine étant entrée dans le pied de ce pauvre homme, sa jambe en devint si enflée, & bien-tôt si enflamée, que le Chirurgien jugeoit déja le mal trés-dangereux. Ses remedes faisant peu d'effet, un des Missionnaires bénit du vin & de l'huile, & luy conseil-la d'en frotter la jambe du malade; on n'eut pas continué la même chose pendant quelques jours, que le bon Artisan se trouva soula-gé, & peu de temps aprés il marcha comme auparavant.

Un vase que nous avons apporté icy, & qui est fait de la terre qu'on prend à Malthe dans la grotte de saint Paul, nous a encore plus servi que nos remedes mêmes. Nous l'avons prêté à des malades pour y boire de l'eau, en les avertissant d'implorer le secours de ce grand Apôtre. Plusieurs en ont été guéris tres-promptement.

Aprés ces heureux succés de nos remedes, chacun nous recherchoit avec empressement. Nous leur rendions fervice d'autant plus volontiers, que ce nous étoit une occafion de guérir les ames, en guériffant les corps. Nous nous étudiâmes d'a-bord à remettre en vigueur l'exercice de la Religion, qui étoit tres - languiffant. Les Eglifes étoient en defor-dre , & fans les ornemens même les plus neceffaires. Nous tâchâmes de rétablir celle de faint George, qui nous avoit été donnée dans la ville d'Agouffa. Si - tôt qu'elle eût été réparée nous y prêchâmes, les peuples y accoururent; nous les difpo-fâmes à approcher des Sa-

cremens, & nous eûmes la
joye de voir à la feste sui-
vante, qui fut celle de l'An-
nonciation, un grand nom-
bre de Confessions & de
Communions ; ce que les
peuples nous dirent n'avoir
veû depuis long-temps.

Une Image de Nôtre-
Dame, que nous avons trou-
vée dans l'Eglise de cette
Ville, nous a été une occasion favorable de rétablir la
devotion envers cette glorieuse Mere de Dieu, qui y
étoit abolie. Les plus sçavans
du Pays nous ont dit, qu'on
sçavoit par tradition que cette Image avoit été poussée

par les flots de la mer juf-
que dans leur port, pendant
la perfecution des Iconoclaf-
tes. Qu'ayant été enfuite por-
tée tres-honorablement au
Château; on l'avoit retrou-
vée le lendemain tranfpor-
tée dans l'endroit, où elle
eft aujourd'huy. Que la même chofe étoit arrivée jufqu'à trois fois, & qu'à la troifiéme on avoit trouvé au-
prés d'elle tous les inftru-
mens neceffaires pour y élever une Chapelle; ce qui fit
comprendre aux habitans,
que Nôtre-Dame avoit choi-
fi cet endroit, où elle vouloit eftre honorée.

Cette Image est d'un bois inconnu, & qui paroît estre incorruptible. Ce qui le fait croire, c'est que le quadre où elle est enchaſſée, ayant été pourri trois fois, & trois fois reparé, la statuë est toûjours auſſi belle, & auſſi entiere qu'elle l'étoit, lors qu'elle y fut placée. Cette Chapelle est aujourd'huy un lieu d'une grande devotion. On y voit des marques de pluſieurs miracles operez par l'interceſſion de la sainte Vierge. Il est certain qu'elle a donné à cette Isle des preuves d'une particuliere protection. Une des plus évi-

dentes fut lors qu'Ally Bacha, General des Armées du
Grand Seigneur, vint avec
plusieurs galeres pour con-
traindre les Insulaires de luy
payer le tribut, qu'ils portoient eux-mêmes volontai-
rement au Grand Visir, sans
qu'on vint ainsi l'enlever par
force. Ce Seigneur descen-
dit d'abord dans l'Isle de
Syra, & aprés l'avoir pillée,
desolée, & fait pendre l'E-
vêque avec plusieurs Habitans, il vint à celle de Paros pour la traiter avec la
même cruauté. Toute l'Isle
eût recours à Nôtre-Dame.
On entendoit de tous côtez

les petits, auſſi-bien que les grands, s'écrier ſans ceſſe : Marie, Mere de Dieu, venez à nôtre ſecours.

Pendant qu'on étoit en prieres, une groſſe tempête s'éleva tout à coup, & re-pouſſa bien loin toute la flo-te, qui ne peût jamais ap-procher. Les peuples firent enſuite de publiques actions de graces à leur toute-puiſ-ſante Protectrice.

L'Iſle dont nous venons de parler auroit beſoin d'u-ne Miſſion fixe , mais nos petits revenus, ne nous per-mettant pas d'y entretenir continuellement des Miſſionnaires, nous tâchons de temps en temps d'y faire quelques vifites, aufli-bien que dans les Ifles de Syra & d'Amourgo.

NOus trouvâmes dans la derniere Miffion que nous fifmes à Syra de grandes inimitiez entre les Habitans. Cela nous obligea de prê-cher fouvent fur le pardon des injures. Un des plus cou-pables ayant été touché d'un de nos Sermons, vint le len-demain dans l'Eglife, & en prefence de tout le monde s'étant mis à genous, & la corde au cou, il demanda publiquement pardon du scandale que ses animositez avoient causé. Cette a-action, qui tira les larmes de tous les Assistans, fit beaucoup plus de fruit que toutes nos Predications.

MISSION D'AMOUR-GO.

POur ce qui est de l'Isle d'Amourgo nous y a-vons fait des Missions tres-necessaires. Il y a dans cette Isle neuf cents personnes, & un ancien Monastere de Religieux Grecs, qui est sous le titre de Nôtre-Dame. Le peu de confiance que ces peuples, & même les Religieux ont en leurs Confesfeurs fchifmatiques, les avoit éloignez de la Confeffion depuis bien des années. Aprés que nous eûmes paffé quelque temps avec eux, l'Abbé du Monaftere fut le premier qui vint fe confeffer à un des Miffionnaires. Ses Religieux y vinrent aprés luy, & enfuite les autres Chrêtiens, dont la plûpart nous firent des Confeffions generales. Il y a quelques années que nous trouvâmes dans cette Ifle une femme poffedée du malin efprit; le Pere Sauger, qui eft prefentement à Paris, & qui faifoit alors des Miffions dans l'Archipel avec un zele & des fruits qui font defirer & attendre avec une extrême impatience ce fon retour dans ces Ifles fit fur elle les exorcifmes felon le Rituel Romain. A-prés beaucoup d'agitations elle fut délivrée, le Pere la confeffa. Depuis ce temps-là elle a toûjours vêcu en paix.

OUTRE les Miffions que nous avons faites dans ces Ifles, nous avons encore été à Athenes, qui eft la capitale d'Achaïe, fi-tuée dans un endroit d'où l'on découvre une grande Pleine arrofée par divers petits

petits ruiſſeaux, & couverte
d'une multitude de grands
Oliviers, qui rendent trente
mille écus de revenu à l'Aga
Eunuque de la grande Sul-
tane, qui en eſt Gouverneur.
La Ville eſt habitée moitié
de Turcs, moitié de Grecs:
il peut encore y avoir douze
à quinze mille ames. Il y a
pluſieurs Monaſteres de Religieux, & de Religieuſes de
ſaint Baſile, qui ont grand
beſoin de ſecours ſpirituels.
Il nous eſt arrivé dans cette Miſſion ce que l'on n'a
point veû ailleurs; les Turcs
ont été les premiers à nous
preſſer de nous y établir. Le

Y

Bacha à leur follicitation en
écrivit à l'Ambaſſadeur de
France, & demanda pour
nous à la Porte permiſſion
d'y établir une maiſon. Nous
en eûmes une pendant quelque temps ; mais comme
nous ne pouvions entretenir
des Ouvriers dans tant de
Reſidences differentes ; nous
avons crû qu'il falloit ſe contenter d'y faire en differens
temps des Miſſions.

MISSION
DE
NEGRE-
PONT.

LEs Chrêtiens de Negre-
pont nous inviterent pa-
reillement de venir dans leur
Iſle, qui n'eſt éloignée de
Thebes, que de cinq lieües,

& de deux journées d'Athenes. Ce fut pour les satisfaire qu'on y envoya deux de
nos Missionnaires. Ils y trouverent beaucoup de travail,
& beaucoup de fruit à faire,
particuliérement auprés des
esclaves Galeriens, qui y pas-
sent l'hyver. Le nombre en
est grand; celuy des Latins
peut monter jusqu'à cinq ou
six cents. Ils sont sans secours,
n'y ayant, ni Religieux, ni
Prêtres Latins dans cette Isle.
On leur permettoit de venir
les Fêtes & les Dimanches
dans nôtre Chapelle, où nous
avons veû arriver une chose
fort extraordinaire.

Y ij

La Chapelle qui étoit au premier étage de nôtre Maiſon, étant un Dimanche matin toute pleine de ces eſclaves, qui y étoient venus pour entendre la Meſſe ; le planché fondit tout d'un coup, & ſi également de tous côtez, que chacun ſe trouva dans la même poſture, ſans que qui que ce ſoit fût bleſſé. Ce qui parut en quelque maniére miraculeux, c'eſt qu'il n'y eût que l'endroit, où étoit l'Autel & le Prêtre, qui demeura comme ſuſpendu en l'air.

Parmy les eſclaves, dont nous venons de parler, il ſe

trouve quantité de Luthe-
riens, dont plusieurs ont été
convertis. Entre les conver-
sions qui se font faites à Negrepont, il ne faut pas oublier celle d'un jeune homme de Paris. L'Histoire de sa
vie est assez extraordinaire.
Ce jeune homme à l'âge de
dix-sept ans sortit de chez
son pere pour aller en Pié-
mont trouver son frere, qui
y servoit en qualité de Lieu-
tenant. De-là il passa en Candie, où il fut pris & fait esclave. Sa captivité luy étant
insuportable, il se fit Turc
pour en sortir, & prit ensuite
l'habit de Dervis, c'est-à-dire,

de Religieux de la Secte de Mahomet. Il passa 20 ans dans cet état, pendant lesquels il fit paroître tant de modestie & de sagesse, qu'il s'acquit le nom de Saint parmi les Turcs, & s'en fit si fort respe-cter, qu'Alli Bacha le plus grand Seigneur de Negre-pont, le faisoit toûjours as-seoir audessus de luy.

Quelque temps aprés nô-tre Dervis tomba dangereu-sement malade. Alli Bacha envoya querir incontinent un des Missionnaires, qui avoit fait plusieurs guérisons dans l'Isle. Le malade touché des soins du Pere, & plus encore de la presence d'un Religieux François, qui luy reprochoit intérieurement son crime, luy avoüa qu'il étoit François comme luy, & né Parisien: il luy fit ensuite le détail de sa vie. Le Pere admirant les secrets de la Providence, & voyant qu'il n'y avoit pas de temps à perdre dans l'état où étoit son malade, luy dit avec tous les témoignages possibles d'affection & de zéle, que Dieu l'avoit envoyé dans cette Isle pour l'aider à sortir de son Apostasie; que n'étant peut-être pas éloigné d'aller paroître devant luy, il n'avoit point de salut à esperer, s'il ne mouroit Chrétien. Il excita ensuite la confiance de cet enfant prodigue, en luy découvrant les misericordes avec lesquelles Dieu reçoit les pecheurs penitens. Le malade se sentit attendri, la Grace le pressa, les larmes coulerent bien-tôt de ses yeux. Il demanda à se confesser, il le fit avec toute la componction possible, & ne pensa plus à autre chose qu'à bien mourir. Le Pere qui l'assistoit le voyant beaucoup plus mal, trouva le moyen de le communier secretement, & enfin il eût la consolation de le voir expirer

expirer ſaintement entre ſes bras. Un Miſſionnaire à qui un pareil bonheur arrive, ſe ſent récompenſé au centuple de tous les travaux de ſa vie.

Outre les biens que tous les Miſſionnaires ont fait dans cette Iſle parmi les eſclaves, & les Grecs ; ils en ont fait encore de trés-grands parmi les Albanois, dont les villa-ges de Negrepont ſont peu-plez. La plûpart d'entr'eux ne s'étoient jamais confeſſez, non pas par irreligion, mais plûtôt par ignorance, ou manque de Confeſſeurs, en qui ils euſſent confiance.

Nous avons veû des actions heroïques que plusieurs jeunes Albanoises ont faites pour conserver leur innocence. Il n'y a pas long-temps, qu'il y en eût une attaquée par trois jeunes hommes, qui se défendit avec tant de generosité, que ces miserables irritez de se voir vaincus par une personne si foible, eurent la cruauté de la tuer à coups de couteau.

La Foy a eû aussi ses heros dans l'Isle de Negrepont. Un Chrêtien s'y étant fait Turc, il voulut obliger sa fille âgée de seize ans à suivre son exemple, elle n'en voulut rien faire. On la mena devant le Cadis : fa mere vint confulter les Peres, fur ce qu'elle avoit à dire à fa fillé : eux luy ayant répondu qu'elle devoit l'exhorter à fouffrir toutes fortes de tourmens, plûtôt que de fe rendre; elle vint en mere Chrêtienne l'encourager à perfifter dans fa foy jufqu'au dernier foupir de fa vie. Elle perfifta en effet malgré tous les mauvais traitemens, qu'on luy fit. Le Cadis fut fi touché de la vertu & du courage de cette jeune Chrêtienne, qu'il la fit rendre à fa mere, pour vivre comme elle voudroit ; Dieu s'étant

contenté du sacrifice que la
mere & la fille venoient de
luy faire, comme il se con-
tenta autrefois de celuy d'A-
braham & d'Isaac.

Nous avons veû encore
dans cette même Isle un pareil sacrifice d'un jeune homme natif d'Orleans, qui se
nommoit George. Il étoit
l'esclave d'un Aga. Son Maître voulut l'obliger de l'ac-
compagner à la Mosquée,
pour y prier avec luy dans
la solemnité du Beïran, qui
est le jour de la grande ré-
joüissance des Turcs, aprés
leurs jeûnes de trente jours.
L'esclave luy répondit, qu'il

étoit Chrêtien, & que sa foy
luy défendoit d'y aller. L'A-
ga en vint aux menaces, &
ensuite aux effets. Il le fit
attacher à un gros arbre, &
le fit battre. Quelques Turcs
qui étoient presens bande-
rent leurs arcs pour le percer
de fléches. Le Chrêtien leur
découvrit sa poitrine, & leur
dit qu'il étoit prêt de recevoir leurs coups. Alors son
Maître admirant le courage
de son domestique, & pen-
sant aux bons services qu'il
luy avoit rendus, le fit dé-
lier & luy donna même la
liberté. Si-tôt qu'il l'eût re-
ceuë, il vint chez nous, &

nous raconta les graces que
Dieu luy avoit faites.

Nos Missionnaires ont eû
pareillement leurs persecutions. Les Peres de Guilly &
Chamerlat ont été mis aux
fers. Leur captivité porta bonheur à d'autres prisonniers,
que ces Peres retirerent de
l'esclavage du Demon. Le
Pere de l'Estringant Supé-
rieur de cette Mission receût
deux coups de couteau.

Le mauvais air de cette
Isle nous a encore été plus
contraire que les Infidelles
mêmes. Il nous a enlevé plusieurs Missionnaires d'un merite extraordinaire, & entr'-

autres le Pere Richard, &
le Pere Rozier hommes vrai-
ment Apoftoliques. Ceux qui
affifterent à la mort du dernier, nous ont affeûré que
lorfqu'il expira, ils virent une
flamme qui brilloit fur fon
vifage.

C'eft la perte de tant de
Miffionnaires, qui nous a
obligé de fufpendre l'établiffement de cette Miffion, &
de nous contenter d'y aller
dans le temps de l'année, où
l'air y eft moins corrompu.
Nous avons d'ailleurs une
réfidence à Sant-Erini, par
où nous allons finir.

Z iiij

Mission
deSant-
Erini.

L'Isle de Sant-Erini peut avoir huit à neuf mille habitans grecs & latins. Il y a cinq Villes dans l'Isle avec plusieurs Villages. Les Latins les plus considerables demeurent à Scaro, où est le Siege de leur Evêque, & les principaux Grecs demeurent à Pirgo avec l'Evêque de leur Rit. On voit encore dans cette Isle quantité d'Eglises ou de Chapelles; la plus considerable porte le nom de Nôtre-Dame. On en voit une taillée dans un roc au bord de la mer, qui est dédiée à l'honneur des sept Dormans. Ces saints Monumens sont des marques certaines de la pieté & de la foy qui regnoit autrefois dans cette Isle.

Le Pape Paul V. ayant été instruit de l'état où l'ignorance & le schisme l'avoient réduite, ordonna à nos Missionnaires de Chio d'aller tous les ans la visiter. L'Evêque Latin qui se nommoit André Sophiano voyant les fruits de leurs courses Apostoliques, voulut avoir une Mission stable. Il en écrivit au Superieur general des Missions de Grece, qui luy envoya le Pere Fournier

Parisien , & luy donna un
-compagnon.   Le Prelat les
reçût avec toutes les bontez
possibles.   Il demanda aux
habitans de Scaro une place
avec quelques masures voisines de la Chapelle Ducale,
& nous donna ensuite l'un
& l'autre par contract fait en
toutes les formes.

Si-tôt que la Chapelle &
la maison furent rétablies ,
nos Missionnaires ouvrirent
leur Ecole. Elle fut bien-tôt
remplie , car les Grecs ne
demandent pas mieux que
de voir instruire leurs enfans. Ces Peres firent en
même temps des instructions

dans leurs Chapelles. Ils établirent une congregation de Nôtre-Dame , & n'oublierent rien de tous les exercices ordinaires des Missions. Les bonnes dispositions des peuples de Sant-Erini , dont le naturel est trés-doux & trés-docile , favorisoient les soins & les peines qu'ils se donnoient pour rétablir la pieté & la ferveur de ces insulaires. Plus leurs fruits étoient grands parmi eux, & plus ils se sentoient obligez & animez au travail. Le Pere Fournier , que l'Evêque avoit fait son Vicaire general , y succomba. Il

tomba malade de ſes fatigues
& en mourut.

Ce Pere étoit un auſſi ſaint
Religieux qu'il étoit zelé
Miſſionnaire ; ſa devotion
étoit trés-tendre, ſa pauvreté tres-rigoureuſe, & ſa mortification continuelle. Il a-
voit choiſi pour ſa chambre
un petit-endroit, qui avoit
la figure d'un Sepulcre ; on
ne l'en pût faire ſortir que le
matin qui préceda ſa mort.
Il travailla pour le ſalut du
prochain juſqu'au dernier
ſoupir ; devant que de le
rendre, il envoya chercher
une perſonne des plus conſiderables de l'Iſle, dont l'E-

vêque n'avoit pas fujet d'être
content. Il l'obligea d'aller
demander pardon à fon Prélat des peines qu'il luy avoit
faites. Si-tôt qu'on eût appris fa mort; on vint chez
nous de tous côtez pour luy
baifer les mains: il fut pleu-
ré de l'Evêque & regreté de
tout le monde.

La perte d'un fi excellent
homme ne pût être reparée
qu'en envoyant deux nou-
veaux Miffionnaires , qui
partageaffent entr'eux tout
ce que le Pere Fournier faifoit tout feul. Un de ceux-
cy apporta heureufement a-
vec luy une bonne provifion

de divers remedes, dans l'esperance de procurer le salut des ames, en tâchant de guerir les malades.

En effet nos Missionnaires ayant fait avec le secours du Ciel des guerisons, dont les plus habiles de l'art se seroient fait honneur ; ils mirent plusieurs pauvres en état de gagner leur vie ; aprés leur avoir fait faire de bonnes Confessions & les avoir instruits de leur devoir de Chrétien. Ils reconcilierent à l'Eglise des familles schismatiques par le moyen des discours qu'ils leur faisoient dans les maisons des

malades ; où felon la coûtume du païs , elles s'affem-
blent tous les jours pour confoler leurs parens, jufqu'à ce
qu'ils ayent recouvert leur
fanté.   De plus ils converti-
rent un grand nombre de
pecheurs difpofez par leur
maladie à profiter de leurs
inftructions , & fouvent ils
eurent à admirer des effets
prodigieux de la mifericorde
de Dieu.

Nous n'en apporterons
qu'un exemple pour éviter
des redites ennuyeufes. Un
jeune homme de cette Ifle
aprés avoir vécu dans un libertinage continuel , voulut

mettre le comble à ſes crimes, en attaquant une jeune fille qui faiſoit profeſſion
d'une vertu reconnuë de tout
le monde. Celle-cy en ſe
défendant luy fit une playe
au viſage, qui cauſa à ce
jeune libertin des douleurs
ſi inſupportables, qu'il en
eût la fiévre ; l'inflamma-
tion s'y mit enſuite, & il
y avoit à craindre que la
cangrenne ne vint bien-tôt
aprés. Un de nos Miſſion-
naires averti de l'état de ſon
ame, courut pour tâcher de
le faire rentrer dans luy-même, pendant qu'il feroit ſes
efforts pour le ſoulager. Il
luy

luy reprefenta que fon mal
étoit l'effet des vengeances
de Dieu, qu'il avoit fi fou_
vent offenfé ; que ce qu'il
fouffroit n'étoit rien en com_
paraifon des fupplices, qu'il
auroit à fouffrir dans l'autre
vie pendant une éternité tou_
te entiere ; qu'au refte il é-
toit encore temps de fe con_
vertir, s'il le vouloit, que la
mifericorde de Dieu étoit
toujours prefte à recevoir
les pecheurs qui reviennent
à luy fincerement.

Ces paroles ne tomberent
plus fur une terre ingrate.
Le malade les écouta & en
fut fi touché, qu'il deman_

da de luy-même à se confesser generalement. Dieu qui
voulut luy donner le temps
de faire penitence, & de reparer par une vie édifiante le
scandale de sa vie criminelle,
inspira au Pere la pensée de
pulveriser une petite langue
de serpent, qu'il avoit apportée de Malthe, & qu'il
avoit prise dans la grotte, où
saint Paul fut piqué d'un de
ces animaux venimeux. Le
Missionnaire couvrit de cette poudre la playe de son penitent. En même-temps il
l'exhorta à invoquer cet Apôtre des Gentils; il en fut écouté: car la douleur dimi-

nua peu à peu ; l'inflamma-
tion se passa ; le jeune homme en guerit, & vêcut tres-
innocemment le reste de sa
vie.

Pendant que les Ministres
de Jesus-Christ avoient la
consolation de voir entre
leurs bras des pecheurs penitens, Dieu voulut en même-temps autoriser ceux qui
parlent en son nom. Il fit écla-
ter des marques de la séve-
rité de sa justice contre des
cœurs rebelles, qui mépri-
soient les paroles de ceux
qu'il leur envoyoit.

Un de ces pecheurs en-
durcis perit seul dans une

barque ; ses compagnons s'é-
tant tous sauvez à la nage,
Des Turcs accuserent un Caloyer de plusieurs crimes,
qu'il n'avoit pas tous commis ; mais il fut puni pour
ceux dont il étoit coupable.
Plusieurs autres moururent
de mort subite, ou de maladies, qui leurs ôterent l'usage de la raison.

Ces exemples font voir
que Dieu fait misericorde à
qui il luy plaist. Il en fit une
bien grande à un jeune homme de Candie nommé Dimi-
tri Zago. Ce jeune homme
aprés avoir tué son rival,
vint se refugier dans cette

Isle, où non seulement il trouva l'asseurance de la vie du corps, mais où il recouvra encore la vie de l'ame, qu'il avoit perduë, & à laquelle il ne pensoit pas.

Un de nos Missionnaires qui fit connoissance avec luy, & qui sçût gagner sa confiance luy persuada de faire quelques jours de retraite. Celuy-cy le voulut bien. Dés le troisiéme jour son cœur en fut si touché, qu'on le trouva dans sa chambre pleurant tres-amerement devant un Crucifix. Au bout de huit jours il communia de la main de l'Evêque. Le

reste de sa vie fut tres-peni-
tente. Il usoit même d'instru-
ments de mortification peu
en usage parmi les Grecs.
Dieu se servit ensuite de ce
jeune homme pour la con-
version de plusieurs personnes de distinction, qu'il ame-
na chez les Missionnaires, &
qui y abjurerent leurs erreurs.

Comme les principales oc-
cupations d'un Ouvrier de
l'Evangile sont d'agir & de
souffrir, ceux qui ont travaillé dans l'Isle de Sant-Erini ont trouvé des croix à
porter. Les Disciples de l'He-
retique Gregoire Palamas &

de Marc d'Ephese leur ont fait une guerre mortelle, jusqu'à attenter souvent à leur vie. Lors que Monsieur de la Haye étoit Ambassadeur à Constantinople, il fallut qu'il employât tout son crédit pour défendre les Missionnaires contre la violence de ces Heretiques.

Ils ont encore beaucoup souffert de la pauvreté extrême, où ils ont vêcu, & où ceux qui leur ont succedé vivent encore aujourd'huy. L'Isle de Sant-Erini est déja tres pauvre par sa sterilité naturelle, & par les pillages des Corsaires, où elle est con-

tinuellement exposée. Ainsi
les Missionnaires, qui n'évi-
tent rien tant que d'estre à
charge aux peuples qu'ils
cultivent, & qui partagent
au contraire avec les plus
pauvres d'entr-eux les chari-
tez, qu'on leur envoye de
France, sont réduits souvent
à vivre de pain d'orge & de
legumes. Ils ne sont pas encore exempts des persecu-
tions des Disciples de Palamas. Il n'y a pas encore long-
temps qu'on surprit un de
ses Heretiques caché derrie-
re un buisson, pour assassi-
ner un Missionnaire qui re-
venoit à la maison. Mais,
graces

graces à Dieu, nous fommes toûjours prefts, & nous nous eftimons même heureux de donner nôtre vie pour obtenir leur converfion.

Si nous avons part aux fouffrances de ceux qui ont établi cette Miffion, nous en avons auffi à leurs confolations; car nous voyons multiplier prefqu'au centuple les fruits qu'ils ont commencé d'y cueillir. Toutes les Feftes & tous les Dimanches nous fommes accablez de Confeffions. Les Evêques Grecs & Latins des cinq Villes de cette Ifle nous invitent continuellement à prêcher dans leurs

B b

Eglises ; nous y allons le
plus souvent que nous pouvons, & nous avons toûjours
la joye d'entendre publiquement prier Dieu pour le Roy.
Les dernieres nouvelles que
nous avons eû de ses victoi-
res ont été annoncées au peuple par l'Evêque de Pyrgo,
& ont été suivies des cris de
Vive le Roy.

L'Ecole que nous avons
établie icy pour l'éducation
de la jeunesse, & qui a été
fondée par Madame la Pre-
sidente de Nesmond, fait des
biens que l'on ne peut ima-
giner. Car non seulement les
jeunes gens y apprennent les

belles Lettres , avec les Prin
cipes de la Vie Chrêtien-
ne, pour eſtre un jour eux-
mêmes les Apôtres de leur
Iſle ; mais ils nous ſervent
pour faire des Inſtructions
publiques. Car ces jeunes
gens ſont ſtilez à diſputer entr'eux ſur les veritez de la
Religion. Ils s'objectent les
uns aux autres des difficultez, & y répondent. Ils recitent par cœur de petits
Sermons de Morale mêlez
d'Hiſtoires de l'ancien & du
nouveau Teſtament, tres-
agreables aux Orientaux.
Ces paroles ſaintes dans leur
bouche font ſouvent plus

d'effet que dans les nôtres : car ils s'acquittent si-bien de cet exercice, que ceux qui viennent de tous côtez en grand nombre pour les entendre, s'en retournent charmez. Voila un sujet de joye tres-sensible & tres-consolant pour l'illustre Famille, qui est la fondatrice d'un si grand bien.

Nous continuons à distribuer avec beaucoup de succés & de fruit les remedes qui nous viennent de France ; ceux que Madame de Miramion a eû la charité de nous envoyer, ont fait icy des cures merveilleuses, &

nous ont auſſi ſervi à guerir
des ames plus malades que
les corps.

La Congregation érigée
en l'honneur de la ſainte
Vierge eſt tres‑remplie &
tres‑fervente. Comme nous
ne ſommes dans cette Iſle
que trois Miſſionnaires, nous
ne pourrions pas, ſans le ſe‑
cours de nos Congregani‑
ſtes, ſatisfaire à tant de de‑
voirs differens.

Enfin la plus grande mar‑
que que nous puiſſions don‑
ner des benedictions que
Dieu verſe ſur la Miſſion de
Sant‑Erini, c'eſt que de tous
les Grecs & de tous les La‑

tins qui y habitent, à peine
en voyons - nous presentement qui ne soient tres-Ca-
tholiques.

Voilà , MESSEIGNEURS ,
l'état present de nos Missions
de Grece. L'on donna l'année passée au public celuy de
nos Missions d'Armenie, &
de Perse. Nous esperions
vous pouvoir presenter encore aujourd'huy celuy de nos
Missions de Syrie, pays que
JESUS-CHRIST a honoré
de sa presence, & qu'il a voulu cultiver par luy-même;
mais les memoires des Supé-
rieurs de nos résidences ne
nous ayant pas été assez

promptement rendus , permettez-nous de differer à une autre année l'honneur de vous l'offrir.

Mais nous vous demandons , s'il vous plaît , pour ces Missions , aussi bien que pour toutes les autres de nôtre Compagnie , la continuation de vôtre protection , & de vos liberalitez. Nous souhaiterions même qu'elles pussent augmenter à proportion du besoin que l'Orient a de Missionnaires, pour recueillir la moisson qui se presente à nous de tous côtez , & dont nous voyons périr la plus grande partie par la disette

d'Ouvriers. Non pas que la
France n'en ait toûjours un
grand nombre à nous en-
voyer : tant que nôtre Compagnie subsistera , elle en
fournira continuellement ;
puisque le quatriéme vœu,
qui nous consacre à un si
saint Ministére , tient les
Jesuites toûjours prêts à
partir. Mais comme le desin-
teressement de la Predica-
tion de l'Evangile , & le
caractére des peuples auprés
desquels nous travaillons, ne
nous permet pas de leur rien
demander, c'est de la France que nous devons attendre
les secours que nous ne trou-

vons pas icy , & qui nous font neceſſaires , non ſeulement pour y multiplier les Miſſionnaires ; mais encore pour y faire ſubſiſter ceux , qui y donnent preſentement & leurs veilles , & leurs ſueurs. Comme elle eſt aujourd'huy la ſeule protectrice de la Religion dans l'Europe, il faut qu'elle ait encore la gloire de la rétablir dans l'Orient.

Nous ſommes déja trésredevables au zéle qu'il a plû à Dieu d'inſpirer à quelques perſonnes d'entretenir, ou de contribuer du moins à l'entretien d'un Miſſionnaire

qui travaille en leur nom.
Elles ont toute la part qu'elles meritent , aux progrés
que fait icy la Loy de Jesus-
Christ. C'est un puissant
motif pour elles de continuer
le bon usage des biens, que
Dieu leur a donnez.

Nous esperons aussi, Mes-
seigneurs , que vous vous
direz à vous-même, qu'il est
encore un plus grand motif
pour vous, de multiplier &
d'assister les Ouvriers de l'E-
vangile dans ces Pays infidelles; puisque l'établissement
de la vraye Religion est particuliérement confié à vôtre
zéle & à vos soins. De nôtre

côté nous employerons le reste de nos jours à réünir en
un même troupeau les bre-
bis égarées dans l'Orient; a-
fin que, s'il est possible, il
n'y ait plus un jour qu'un
seul Pasteur, & qu'un seul
bercail.

Nous vous supplions en
même temps d'être bien per-
suadez, que penetrez autant
que nous le sommes, de la
reconnoissance que nous
vous devons, nous ne cesse-
rons jamais, ni nous, ni nos
successeurs, d'offrir à Dieu
nos vœux pour vous jusqu'à
la consommation des sié-
cles.

F I N.

APPROBATION

DE M. FERRAND,

AVOCAT AU PARLEMENT;

Nommé par Monseigneur le Chancelier pour lire ce Livre.

L'Eglise Greque a été autrefois si florissante, qu'on ne peut voir qu'avec douleur, qu'elle soit aujourd'huy presque toute Mahometane. Dieu s'y est reservé neanmoins quelques Fideles, qui n'ont pas fléchy le genoû devant Baal; & l'on ne sçauroit trop loüer ceux qui tâchent d'y conserver, & d'y

III. Reg.
XIX. 18.

augmenter même ce pré-
cieux reste de Christianisme.
Le Clergé de France s'est
toujours distingué là-dessus. Il
a imité, & il imite encore ces
grands hommes qui y ont
brillé dans les premiers sie-
cles de l'Eglise ; & qui ont
eû un zele si ardent pour la
Religion, qu'ils ont merité
les éloges d'Eusebe & de S. *Histor.*
Leon le Grand. Mais sur *Eccl. v. 1.*
tout, il s'est souvenu que S. *5.6.7.24.*
26.
Paul vouloit que les Eglises *Epist.77.*
edit.1675.
de la Macedoine & de l'A- *Rom. xv.*
caie secourussent celle de Je- *25.26.27.*
rusalem, à laquelle elles é-
toient redevables de leur foy.
Le Clergé, dis-je, de France

s'eſt ſouvenu du précepte de l'Apôtre : car non ſeulement il l'a accompli en répandant ſes liberalitez ſur la Grece, de qui il a reçû autrefois les lumieres de l'Evangile par le moyen de S. Creſcent, de S. Phothin, de Saint Irenée, d'Attalus, d'Alexandre, & des autres dont il eſt parlé dans les monumens Eccleſia-ſtiques : mais il a fait quelque choſe de plus, en contribuant à rendre aux Grecs les lumieres de la foy qu'il en avoit receuës ; & cela en fourniſſant à l'entretien des Ouvriers Evangeliques qui y travaillent. La ferveur de

Euſeb.
Hiſtor.
Eccl. III.
4. V. 1. 3.

Permiſſion.
à Caën le dixiéme de Juin
mil ſix cent quatre-vingt-
quinze.

PIERRE DOZENNE,

EXTRAIT DU PRIVILEGE
du Roy.

PAr grace & Privilege du Roy, donné à Versailles le 27. jour de May l'an de grace 1695. Signé, Par le Roy en son Conseil, Boucher, & scellé; il est permis au Pere Fleuriau de la Compagnie de Jesus, de faire imprimer, vendre & debiter un Livre intitulé, *Etat des Missions de la Compagnie de Jesus dans la Grece*, durant le temps de six années & consecutives: Et défenses sont faites à tous Imprimeurs, Libraires, & autres, d'imprimer ou faire

imprimer ledit Livre , fous
quelque prétexte que ce foit,
à peine de confifcation des
Exemplaires contrefaits, de
trois mille livres d'amende,
& de tous dépens, domma-
ges & interefts, comme il eft
plus amplement porté par
lefdites Lettres de Privilege.

*Regiftré fur le Livre de la
Communauté des Imprimeurs
& Libraires de Paris, le 6.
Juin 1695.*

Signé, P. Aubouin, *Syndic.*

Et le Pere Fleuriau,
Religieux de la Compagnie
de Jesus, a cedé fon droit

de Privilege cy-deſſus, pour
l'impreſſion de l'Etat des
Miſſions de Grece à An-
toine Lambin, Impri-
meur & Libraire, ſelon l'ac-
cord fait entr'eux le 9. Juin
1695.

☞ *Achevé d'imprimer pour
la premiere fois, le 18. Juin
1695.*

A PARIS,
De l'Imprimerie d'Antoine Lambin.
1695.